PARA ONDE IREMOS APÓS A MORTE?

Nelson Moraes

PARA ONDE IREMOS APÓS A MORTE?

Aliança

1ª edição, janeiro/2012, do 1º ao 3º milheiro

TÍTULO
Para Onde Inremos Após a Morte?

AUTOR
Nelson Moraes

REVISÃO
Antonio Roberto de Carvalho

DIAGRAMAÇÃO
Thaís Sandroni Mota

CAPA
Thaís Sandroni Mota

IMPRESSÃO
Rettec Artes Gráficas.

FICHA CATALOGRÁFICA

Dados Internacionais de Catalogação na Publicação (CIP)
— Câmara Brasileira do Livro | SP | Brasil —

Moraes, Nelson
Para Onde Iremos Após a Morte? / Nelson Moraes.
São Paulo : Editora Aliança, 2012.

ISBN: 978-85-88483-76-7 / 128 páginas

1. Contos Espiritas
I. Título.

12-00452 CDD-133.93

ÍNDICE PARA CATÁLOGO SISTEMÁTICO:

1. Contos espíritas : Espiritismo 133.93

EDITORA ALIANÇA
Rua Major Diogo, 511 - Bela Vista - São Paulo - SP
CEP 01324-001 | Tel.:(11) 2105-2600 | Fax: (11) 2105-2626
www.editoraalianca.com.br | editora@editoraalianca.com.br

ÍNDICE

INTRODUÇÃO

Para onde iremos após a morte?

Quantos fazem esta pergunta a si mesmos e nem sequer percebem que todas as noites, ao adormecerem, ensaiam a morte.

Quase sempre os nossos sonhos representam a realidade que nos aguarda. Não existem transformações na morte. Passamos para o outro lado da vida exatamente como somos.

Muitos pais que ainda não compreenderam o porquê "da perda" de seus filhos quando crianças ou em plena juventude, sofrem e perguntam a si mesmos: para onde foram meus filhos? Por meio deste trabalho, poderão encontrar o reconforto e descobrir para onde eles foram.

Os fenômenos ditos espíritas, não são uma exclusividade do Espiritismo pois, acontecem e aconteceram em todas as épocas, no seio da humanidade e encontramos seus vestígios desde os primeiros séculos da presença do homem na Terra.

Emanuel Swedenborg, nascido em Estocolmo, em 1688, cientista e engenheiro de prestígio, publica em latim, no ano de 1758 – Londres - o livro: *"O Céu e suas maravilhas e o inferno"* contendo três partes; *"O céu", "O Mundo dos Espíritos" e "O Inferno".*

Nesse livro, escrito quase cem anos antes da codificação do Espiritismo, narra suas experiências vividas periodicamente fora do corpo, em desdobramento durante o sono, e descreve com minúcias como vivem os Espíritos depois da morte física.

Em uma das suas explicações sobre o que vira no mundo espiritual, ele afirma:

"...Aqueles que eram amigos ou se conheciam na Terra, novamente se encontram e conversam entre si, o quanto queiram, principalmente esposas e maridos, e também irmãos e irmãs. Vi um pai conversando com seus filhos, após havê-los reconhecido, e muitos outros tratavam com parentes e amigos; porém, como possuíssem mentalidade diferentes em razão da experiência que traziam da Terra, eles se separaram algum tempo depois."

Ao ler a parte denominada "O Mundo dos Espíritos", os estudiosos do Espiritismo, com certeza, ficarão surpresos ao perceberem a semelhança das informações dos Espíritos que orientaram Kardec com as trazidas do mundo espiritual por esse notável médium de desdobramento, cuja faculdade, ainda incompreendida na época, atribuiu-lhe o título de místico e de visionário.

É surpreendente a definição que ele dá ao ser humano no capítulo: "A Essência do Homem é o Espírito".

Vejamos:

"Toda a nossa vida racional concentra-se, portanto, no Espírito; o corpo é apenas matéria e foi acrescentada ao Espírito para que este pudesse entrar em atividade no mundo natural. No mundo natural todas as coisas são materiais e, em si mesmas, desprovidas de vida. Ora, se a substância vital não é material, mas espiritual, logo se conclui que, no homem, o que está vivo é o Espírito, o corpo apenas serve ao Espírito, tal como um instrumento serve à força motriz que o anima. Diz-se comumente, de qualquer instrumento, que ele atua, trabalha ou se move, mas é uma ilusão, porque existe algo atrás do instrumento que o comanda".

"A sensação e o sentimento, enfim, a vida do corpo, pertencem unicamente ao Espírito; segue-se que o homem é essencialmente Espírito. Em consequência, quando o corpo se separa do Espírito, na morte, o homem permanece igual a si mesmo".

Muitos de nós, durante o sono, deixamos o corpo e assumimos temporariamente a vida espiritual. Revemos amigos, velhas afeições, visitamos entes queridos que residem perto ou distante, em outros países, e até em outros mundos. Por questões evolutivas, nem sempre conseguimos reter as lembranças de tais eventos, as quais, poderiam prejudicar o curso do nosso aprendizado na Terra. Entretanto, os desígnios de Deus, por meio dos infinitos recursos de que dispõem, constantemente enviam-nos informações pelos meios mais diversos, disseminados pelo mundo para que possamos nos aproximar da nossa verdadeira natureza.

Na antiguidade, eram os profetas. Hoje, com a mediunidade esclarecida pela luz do Consolador, são os Espíritos que, por meio dos médiuns, nos apontam o caminho a seguir.

Faltam ouvidos para ouvir e olhos para ver!

Por isso, ouvimos constantemente de lábios desprevenidos as seguintes frases:

"Jamais alguém voltou para dizer como é lá."

"O que há após a morte, ninguém sabe."

Com certeza, entre tantos outros, Emanuel Swedenborg, foi um dos que estiveram lá e voltaram para dizer como é o mundo dos Espíritos.

No livro, *"O Céu e o Inferno"*, um dos trabalhos mais importantes da codificação, constam valiosos depoimentos de Espíritos desencarnados em circunstâncias as mais diversas, cujas narrativas esclarecedoras, nos dão uma ideia para onde iremos após a morte, segundo o nosso caráter e o nosso comportamento durante o período em que estivemos encarnados.

Enriquecendo ainda mais tais informações, por meio da psicografia de Chico Xavier, muitos retornaram para contar onde estão e como vivem.

Nas obras de André Luiz, colhemos valiosos esclarecimentos sobre como vivem os Espíritos em suas coletividades, situadas no plano espiritual.

Entretanto, ainda dispomos de poucas informações de como vivem os Espíritos que, embora desencarnados, vivem o dia a dia na Terra, agindo como se ainda estivessem entre os encarnados.

Em desdobramento, acompanhado pelo Espírito Aulus, visitei alguns lugares onde presenciei as mais diversas situações em que vive a população desencarnada. Registrei a situação de alguns Espíritos bem-aventurados e de outros ainda mergulhados nas ilusões da matéria.

Entre um e outro fato aqui narrado, com certeza o leitor terá material suficiente para reconhecer a quais laços de afinidades está preso, para então deduzir, para onde irá após a morte do corpo.

Este trabalho, não é uma preparação para a morte, mas sim uma preparação para a vida, a qual, além da morte, continua mais intensa.

Na verdade, constitui-se um aviso aos navegantes do grande barco da vida. Tem por finalidade informar aos seus passageiros para qual porto se destinam, e orientar sobre a gama imensa de recursos que existe para que, cada qual, possa alterar o curso da própria viagem, optando por aportar e desembarcar em um porto seguro e aprazível, conquistando definitivamente a felicidade que tanto deseja.

PRIMEIRA PARTE

(Em desdobramento)

OS BEM-AVENTURADOS

Iniciando este trabalho, Aulus levou-me em Espírito a um hospital na zona central da cidade de São Paulo.

Chegando lá, fomos direto para um dos apartamentos situado na ala dos convênios particulares.

Um homem que estava moribundo havia sido transferido da unidade de terapia intensiva a pedido dos familiares, pois os médicos nada mais poderiam fazer pelo paciente. Ali, no apartamento, pelo menos os entes queridos poderiam compartilhar dos seus últimos instantes no corpo físico. Estavam presentes três pessoas, segundo Aulus, a esposa, sua única filha e o genro. Passados alguns instantes, chegaram cinco Espíritos desencarnados; duas moças e três senhores.

Pela vestimenta e pela aparência, percebi que eram Espíritos esclarecidos, cumprimentaram Aulus e acenaram para mim. Depois, puseram-se em volta do leito onde o moribundo balbuciava algumas palavras que mais pareciam gemidos.

Aulus acercou-se de mim e passou a me orientar sobre o que estava ocorrendo naquele momento:

— Esse Espírito prepara-se para retornar ao mundo espiritual. É um homem de bem. Cultivou amizades sinceras, conquistando um tesouro de afetividades. Na portaria do hospital muitos encarnados e desencarnados, animados pelo sentimento de gratidão, vieram prestar-lhe solidariedade neste momento importante da sua existência. As duas moças que estão ao lado do moribundo são suas filhas, desencarnaram quando mal saíam da infância física. Abalado com a morte prematura das filhas, buscou o reconforto, abraçando a caridade. Resignado, realizou obras meritórias em favor dos necessitados. Administrou seus bens como se fossem patrimônios da humanidade, gerou empregos e bem-estar para centenas de famílias.

Depois desses esclarecimentos, Aulus silenciou, ficamos observando o desenvolver dos acontecimentos.

A mulher segurava a mão do companheiro, esforçando-se para não se entregar ao pranto, mas naquele momento ele apertou sua mão e expirou. Mãe e filha não resistiram a emoção e entregaram-se finalmente ao pranto. O genro conduziu-as até o saguão do hospital onde foram acomodadas.

O médico de plantão foi acionado e, ao chegar, constatou a morte do paciente.

O Espírito que acabara de perder o controle sobre o corpo, o qual jazia inerte na cama, começou a despertar. Naquele momento, as filhas desencarnadas foram se amoldando, assumindo assim a aparência que tinham ao desencarnarem. Ao vê-las, o pai gritou emocionado:

— Minhas filhas! Minhas filhas! Vocês não morreram! Graças a Deus! Estão vivas!

Enquanto se extasiava com a presença das filhas, os amigos espirituais que o assistiam, atuaram sobre ele, induzindo-o, pelo magnetismo, a mergulhar em sono profundo.

Logo depois, dois socorristas chegaram trazendo uma maca onde o acomodaram, seguindo posteriormente para o plano espiritual ao qual se destinava, segundo os seus merecimentos.

Pensei que nós íamos acompanhar o desfecho daqueles acontecimentos, acompanhando a comitiva espiritual que cuidava do caso. Entretanto, naquele momento, retornei ao corpo.

Passados alguns meses, Aulus conduziu-me a uma cidade no mundo espiritual que se igualava em beleza àquela descrita no romance que ele escreveu, por meio das minhas aptidões mediúnicas, intitulado: *"Quando o Amor é Eterno"*.

Um lugar maravilhoso! As estrelas pareciam roçar as colinas com seus raios de luz; as casas iluminadas por dentro e por fora, pareciam construídas de material luminoso. Estávamos caminhando por entre as árvores e as flores que margeavam a calçada quando Aulus, diante da minha perplexidade, esclareceu:

— Esta é uma das moradas destinadas aos bem-aventurados! Aqui habitam os Espíritos evangelizados que, à custa de muito esforço e experiências acumuladas a cada encarnação, aprenderam a amar o próximo como a si mesmos. Ainda não possuem a ciência, mas por suas atitudes fraternas tornaram-se benfeitores da humanidade. Residem em grupos familiares que estagiam na mesma faixa evolutiva. Libertaram-se dos vínculos que os mantinham presos ao processo de expiação e provas. Aguardam o início do mundo de regeneração para retomarem às encarnações na Terra, em busca de maiores conhecimentos. Enquanto isso, servem aos propósitos divinos, socorrendo os Espíritos em sofrimentos, retardatários da evolução.

Paramos em frente a uma das casas. Alguém, pressentindo a nossa presença, abriu a porta. Uma jovem, sorrindo, nos fez perceber que estávamos sendo esperados. Convidou-nos a entrar.

No interior da casa, na sala, estava sentado em um sofá, um senhor que pareceu-me conhecido. Sorriu e com um gesto convidou-nos para sentar. Sentamos, Aulus apresentou-o:

— Este é o Espírito, cujo desenlace acompanhamos no hospital. Está lembrado?

— Sim! Percebo que sofreu uma grande transformação. Sua aparência agora é de um jovem senhor, porém os seus traços fisionômicos lembram o velho moribundo que conheci no hospital.

Diante das minhas afirmações, sorriu e acrescentou:

— A forma e a aparência são reflexos do que sentimos. A felicidade que sinto neste momento justifica a transformação que observou.

— Quando encarnado, imaginou que um dia estaria em um lugar como este?

— Em um dos momentos mais aflitivos das minhas experiências na Terra, minhas filhas apareceram-me em sonho e pegaram-me pela mão, uma de cada lado, e trouxeram-me até aqui. Caminhamos pelas alamedas e conversamos muito, mas lembro me apenas quando disseram-me:

"Persevera e confia papai, um dia, todos nos reuniremos aqui".

— Aquilo para mim foi como uma injeção de ânimo. No dia seguinte, acordei com o coração cheio de esperança! Convicto de que todas as dificuldades que enfrentava naquele momento, iriam passar. Para mim tinha sido apenas um sonho bom. Jamais imaginei que um dia realmente estaria aqui com as minhas filhas.

— E elas? Como se sentem com o seu retorno?

— Minhas filhas são dois anjos que Deus colocou em minha vida. Vibram com a minha felicidade! Agora mesmo estão em trabalho, provavelmente socorrendo e enxugando lágrimas.

— Sei que a condição de parentesco somente existe enquanto estamos encarnados e que, na verdade, somos todos irmãos. Qual a sua ligação com elas na condição de Espíritos eternos?

— Ainda não recobrei as lembranças do pretérito, mas segundo elas, eu, minha esposa, minha outra filha, meu genro e a Nádia que está aqui presente, fazemos parte de um grupo de Espíritos cujas afinidades nos reúnem em experiências e trabalho. Ainda segundo minhas filhas, nesta encarnação recente, equilibramos as nossas contas com as leis de causa e efeito. Com certeza, ao recobrar a lembrança plena de minhas vidas passadas, estarei aliviado em minha consciência.

— Quer dizer que entre outras provações, a morte prematura das suas filhas fazia parte de uma programação de vida?

— Sim! Por força das nossas necessidades evolutivas.

— O senhor se recorda do que sentiu naqueles últimos momentos que viveu no hospital?

— Foi um momento interessante! Assisti a um retrospecto de toda a minha vida. Passaram pela minha mente lembranças desde o tempo em que eu ainda era uma criança.

Curioso diante da declaração do nosso irmão, perguntei ao Aulus:

— Quase todos, senão todos, passam por uma situação semelhante no momento que antecede à desencarnação? O que acontece realmente nesse momento? Por que ocorrem essas lembranças?

— Nesse momento, o Espírito transfere para o subconsciente todas as informações colhidas durante as experiências vividas no corpo, enriquecendo o acervo de conhecimentos. Ao retornar ao plano espiritual, essas lembranças são retomadas pelo consciente imediatamente. Entretanto, em alguns casos, elas são retomadas paulatinamente. É um processo natural do qual, muitas vezes os benfeitores da eternidade se utilizam para ajudar os Espíritos em dificuldades, retardando-as por algum tempo. Existem Espíritos que, enquanto encarnados, fizeram sofrer em demasia os que com ele conviveram, ultrapassando os limites que lhe eram facultados pela lei de causa e efeito. Nesses casos, suas lembranças são controladas e fragmentadas para que não possam continuar prejudicando os que permaneceram encarnados. Geralmente os déspotas domésticos, retornam ao mundo espiritual desmemoriados.

— E nos casos onde o Espírito é acometido de uma morte súbita ou violenta, em que momento faz essas transferências?

— Horas, ou até dias antes, o Espírito pressente a sua partida, inconscientemente começa a fazer a transferência de tais informações.

— Então é por isso que ouvimos certos comentários dos entes mais próximos dos que tiveram uma morte brusca, os quais afirmam o seguinte:

"Parece que ele sabia, ultimamente se comportava de forma estranha, falava de coisas ocorridas há tanto tempo, vivia introspectivo".

— Sim! O Espírito traz gravado no subconsciente a hora da sua morte física, intuitivamente prepara-se para o momento da sua partida.

Realmente, essa preparação, em muitos casos, ficam evidentes por meio de coisas escritas pelas pessoas, dias ou até meses antes de sofrerem a morte súbita.

A título de esclarecer o leitor sobre essa premonição intuitiva, vamos transcrever a seguir, uma carta escrita por um jovem alguns meses antes da sua morte por acidente. Essa carta, na verdade, é uma placa que os alunos da faculdade, por ocasião da colação de grau, costumam escrever em homenagem aos professores, porém ao elaborá-la, decidiu direcioná-la aos seus pais. Trata-se do jovem Gustavo de Souza Routhmam.

"Aos meus pais:

E surge um novo ser. É pequeno, frágil. Não parece com nada, talvez um joelho, 'um rato branco', mas... é lindo. 'Que gracinha!'. Por um bom tempo o mundo é maravilhoso, mesmo que o sofrimento e o sacrifício sejam rotina. É, valeu a pena.

'Como chamá-lo? Como criá-lo? Como fornecer a ele o melhor, prepará-lo para o pior e transformá-lo em um 'eu' melhor?

'Por mais que nos esforcemos, ainda há o fator mundo. E o sofrimento aumenta. Será que valia mesmo a pena? O primeiro andar e o primeiro acidente. A primeira fala e o primeiro insulto. O primeiro colo e a primeira partida. Contudo, como é bom ver aquela semente de estranha aparência que plantamos, regamos e adubamos, transformar-se em uma planta de belos caules e folhas, raízes robustas e que mais tarde poderá até gerar frutos. Como eu queria retribuir! Como eu queria! Mas é impossível, pois para isso seria preciso lhes dar pais como vocês. Seria preciso dar as chances que recebi, de conhecer a vida e os amigos que conheci nestes últimos quatro, cinco ou seis anos. Anos contraditórios, pelo fato de estarmos afastados e ao mesmo tempo pensar que não haverá época melhor. E, apesar de estar ciente de que foi difícil com a ajuda de vocês, esse é o segundo corte do cordão umbilical. É, valeu a pena! Obrigado Deus, por vocês!"

Percebe-se claramente pelo conteúdo dessa carta, que o Espírito, inconscientemente, formula uma despedida aos pais.

Retomemos o diálogo com Aulus...

Satisfeito com os esclarecimentos de Aulus, voltei-me para o anfitrião e perguntei-lhe:

— Quais serão suas atividades aqui no mundo espiritual?

— Em breve, devo estar dividindo meu tempo entre as responsabilidades que aqui me serão atribuídas e o trabalho em torno dos meus familiares, que herdaram de mim algumas responsabilidades. Devo orientá-los e protegê-los para que possam dar prosseguimento aos projetos que deixei em curso, dos quais, eles dependem diretamente para que sejam bem-sucedidos nas conquistas do Espírito.

Despedimo-nos de Nádia e do senhor que não me foi dado revelar o nome e saímos. Antes de retornar ao corpo, caminhei ao lado de Aulus em meio àquelas paisagens maravilhosas. Vez ou outra, via Espíritos chegando e partindo, como se fossem estrelas cadentes, rasgavam o espaço como aves luminosas. Naquele momento, tocado no fundo da alma, lembrei-me das minhas imperfeições, senti a distância que me separava daquela realidade, tive vontade de voltar ao corpo e esquecer tudo aquilo. Desejei que fosse apenas um sonho. Profundamente emocionado, comecei a chorar. Compreendendo o que eu estava sentindo, Aulus colocou seu braço sobre os meus ombros e falou, tentando reconfortar-me:

— Não se julgue precipitadamente. Antes, agradeça a Deus por estar aqui realizando um trabalho como este. Lembre-se dos benefícios que estas informações trarão para os corações desorientados e perceberá o quanto este trabalho é importante para que outros conquistem a felicidade de um dia merecer estar em um lugar como este. O que está sentindo agora é natural, à medida que avançamos espiritualmente, novos planos de felicidade deslumbraremos à nossa frente, os quais, nos farão sentir exatamente como você se sente agora.

Logo depois de ouvir as colocações carinhosas de Aulus, acordei trazendo as lágrimas para o corpo físico. Foi um momento de muita emoção. Passei horas meditando sobre tudo que vi e ouvi.

Ficou bem claro para mim que aquele Espírito que visitamos, é o tipo de criatura que mesmo sem estar ligada à religião, carrega no coração uma fé fervorosa em

Deus e procura fazer o melhor para o seu semelhante.

É importante esclarecer que, quando Aulus afirmou que aquele lugar é uma morada de Espíritos evangelizados, não se referia aos estudiosos ou conhecedores do Evangelho, do qual só conhecem a letra. Mas sim, a Espíritos que vivem alimentados por sentimentos cristãos, amando ao próximo como a si mesmos. Nem todos ali possuem a ciência, mas com certeza, doutoraram-se em amor! Tudo isso me fez lembrar de Humberto de Campos, quando em seu livro "Boa Nova", psicografado pelo médium Chico Xavier, afirma:

"Conheci Espíritos esclarecidos e Espíritos evangelizados, peço a Deus, um dia, poder estar entre estes últimos".

Realmente, o conhecimento faz com que o Espírito avance na sua evolução, mas somente por intermédio dos sentimentos renovados é que ele consegue se elevar!

PARA ONDE VÃO AS CRIANÇAS ?

Desta vez, fui levado por Aulus a uma colônia espiritual muito interessante. De beleza ímpar! As flores e as árvores bem cuidadas demonstravam o carinho dos habitantes pela mãe natureza. Algo aguçou minha curiosidade, vi vários *play-grounds* sobre uma área gramada, onde crianças de aproximadamente três a nove anos, mais ou menos, brincavam descontraídas sob a vigilância de alguns Espíritos revestidos da forma feminina. Antes que eu perguntasse qualquer coisa, Aulus afirmou:

— Esta é uma colônia berçário.

— São Espíritos que vivem nas condições de criança?

— Sim! Durante um período transitório. Venha, vamos observar, depois farei os comentários necessários.

Entramos em um dos edifícios distribuídos ao longo de uma das avenidas arborizadas. Era um imenso berçário. Dezenas de mulheres percorriam os corredores entre os berços, zelando pelo bem-estar daqueles Espíritos que, de longe, pareceu-me estar nas condições de recém-nascidos. Andei com Aulus por entre os berços. Realmente, naquela ala, todos pareciam recém-natos, mas na verdade, mantinham a forma de quando foram ligados às mães no período anterior ao da concepção. Já estava me afogando na curiosidade, quando Aulus esclareceu:

— Alguns desses Espíritos, ao tentarem reencarnar atendendo a um planejamento de vida adrede preparado, foram abortados. Como são Espíritos relativamente bons e ligados às candidatas à maternidade pelos laços de afetividade, a providência divina os mantêm nessa condição para que não sofram desnecessariamente até que seja dado às candidatas, pelo menos mais uma oportunidade de recebê-los. Embora seus perispíritos se encontrem minimizados, eles se mantêm mentalmente ligados às mães, aguardando o momento em que estejam novamente receptivas para concebê-los.

— E se elas voltarem a fracassar, praticando novamente o aborto?

— Nesse caso, o Espírito será resgatado dessa condição. Consequentemente, reassumirá a consciência plena, retomando a condição anterior ao projeto da reencarnação.

— Como se sentem esses Espíritos ao recobrarem a consciência, depois de passarem por essas experiências?

— Frustrados nos seus anseios evolutivos e entristecidos por ver que os Espíritos que amam permanecem insensíveis e absorvidos pelas ilusões do mundo. Mas, apesar disso, continuarão ajudando-os espiritualmente ou poderão até optar por renascerem como parentes próximos, o que permitirá a eles uma convivência útil.

— E quando o aborto é um resgate para o Espírito, que tipo de sofrimento experimenta?

— Muitos dos que solicitaram a oportunidade do resgate, ao retornarem para o mundo espiritual, recobraram a consciência imediatamente trazendo horríveis sensações de dor. Outros, mergulharam em um profundo sono durante algum tempo e, quando despertaram, reassumiram a consciência, registrando uma sensação de mal estar muito grande, que os levaram às lágrimas durante um bom tempo. Entretanto, nem todos se assemelham nas suas reações aos sofrimentos a que são conduzidos pelas circunstâncias que criaram com suas atitudes.

— Em que condições tentaram reencarnar alguns Espíritos que, ao sofrerem o aborto, depois de retomarem a consciência no mundo espiritual, acabaram se revoltando contra o casal encarnado que deveria ser os seus pais, passando a persegui-los implacavelmente?

— Em alguns casos pode tratar-se de um resgate imposto compulsoriamente ao Espírito que ainda não tem o discernimento para optar pelo melhor para si. Por isso, acaba se revoltando contra os encarnados envolvidos. Esses, geralmente, são Espíritos reincidentes na prática do aborto que, ao sofrerem a perseguição desse Espírito revoltado, acabam dando início a um processo reparador há muito planejado pelos benfeitores que os auxiliam nas suas necessidades evolutivas. Entretanto, existe um outro motivo que muitas vezes leva um Espírito a assumir uma atitude semelhante. Ao programarem uma nova reencarnação, alguns Espíritos, se comprometem a receber como filho, um determinado Espírito com o qual contraíram dívidas morais em um relacionamento infeliz no passado. Porém, no momento de cumprirem o compromisso firmado na espiritualidade, acabam optando pelo aborto. Nesse caso, se o Espírito abortado ainda não alcançou um grau de compreensão maior, poderá se revoltar e persegui-los indefinidamente, até que conquistem uma oportunidade de se reunirem novamente em uma convivência reparadora, a fim de se reabilitarem perante às leis de causa e efeito.

Seguimos por entre os berços, agora em outra ala onde observei que os Espíritos que ali estavam, aparentavam desde alguns meses até um pouco mais de um ano. Antes de formular qualquer pergunta, Aulus esclareceu-me:

— Estes Espíritos desencarnaram com as respectivas idades que aparentam. Segundo as próprias necessidades, requisitaram da providência divina duas encarnações consecutivas e quase imediatas, daqui partirão para completá-las.

— Por que não reassumiram a consciência?

— O tempo entre uma e outra encarnação é muito curto, seria um constrangimento desnecessário ao Espírito. Estando aqui, atendem a um propósito divino que faculta a esses Espíritos que cuidam deles, a oportunidade de valorizarem a maternidade, que tantas vezes desprezaram. Zelando por eles, acabam desenvolvendo o amor maternal que um dia nutrirão por seus rebentos.

— Renascerão na mesma família?

— Uma grande maioria retornará aos braços da mesma mãe. Muitos, porém, migrarão para outros lares com os quais estão compromissados.

Saímos do prédio em que estávamos e caminhamos em direção a um outro próximo dali. À nossa frente, acompanhadas por algumas mulheres, quase uma centena de meninas, aparentando entre sete e nove anos de idade, caminhavam em formação como nos desfiles escolares.

Cantavam um hino de esperança. Ávido de conhecimentos, perguntei:

— Estão conscientes de que são Espíritos desencarnados?

— Não. Esses Espíritos desencarnaram há muito pouco tempo. Em breve, estarão reencarnados novamente. Os Espíritos só permanecem nas condições da infância quando o intervalo entre as encarnações consecutivas programadas são de curto período. Caso contrário, se o intervalo entre elas for muito longo, retomam a consciência e reassumem a forma de adultos que possuíam anteriormente.

Entramos em um outro edifício. No saguão de entrada havia várias dezenas de meninas, uma delas aproximou-se de mim e perguntou-me:

— Quem é você?

Embaraçado, olhei para o Aulus e ele fez um sinal para que eu respondesse. Então eu respondi:

— Eu sou um amigo que veio visitá-las.

— Você conhece a minha mãe?

— Não! Não conheço. Ela é bonita?

— Muito bonita! Amanhã eu vou voltar para

casa, estou com muita saudade dela, do meu pai, do meu irmão e do meu cachorrinho.

As lágrimas umedeceram meus olhos, fiz um grande esforço para não chorar. Naquele instante, frente à porta do edifício, parou um veículo muito grande, semelhante aos ônibus que conhecemos. Aulus aproximou-se de mim e esclareceu-me:

— Esse veículo, em função da utilidade a que se presta, é chamado de Cegonha pelos companheiros que trabalham na colônia. Está aqui para transportar os Espíritos que vão reencarnar nas próximas semanas, os quais, serão conduzidos aos lares a que se destinam, onde os benfeitores da reencarnação os aguardam para auxiliá-los.

Enquanto Aulus me esclarecia, vi quando a menina que conversou comigo entrou no veículo. Então perguntei:

— O que ela me disse é verdade? Ela vai voltar para casa junto aos entes queridos que deixou? Renascerá no mesmo lar?

— No caso dela, sim! Mas nem todas. Esse é o argumento que as mães temporárias daqui usam para acalmá-las e facilitar seus encaminhamentos no processo reencarnatório, o que não deixa de ser verdade, pois todas retornarão para o ambiente de um lar.

Senti um certo reconforto. Aquela menina havia tocado fundo meu coração. Fez-me lembrar da história do Ricardinho, narrada no livro "Pedaço de Estrela" psicografado por mim.

Senti que ainda havia tempo para explorar um pouco mais os conhecimentos de Aulus:

— No prédio onde ficam os Espíritos na condição de recém-nascidos, percebi que haviam meninos e meninas, porque aqui só vejo Espíritos nas condições de meninas?

— Os meninos que estão na mesma faixa etária das meninas, são conduzidos para uma outra colônia que atende às mesmas necessidades.

— Quer dizer que só em casos especiais como estes justifica a um Espírito desencarnado permanecer na condição infantil?

— Sim! Entretanto, os Espíritos podem revestir-se da aparência infantil que tinham quando desencarnaram, porém raciocinam como adultos.

Naquele momento, uma das mulheres que parecia fazer parte da direção da colônia, segurando pela mão uma das meninas, chamou-nos.

Aulus fez-me um sinal e nós fomos até ela. Ao nos aproximar, comunicou-nos:

— Vou conduzir a Taninha para visitar sua mãe. Querem acompanhar-nos?

Aulus aceitou o convite. Entramos em um veículo pequeno, à semelhança de um automóvel, em poucos instantes fomos transportados até o lar terrestre onde a mãe de Taninha se encontrava. Estava fora do corpo, sentada na beira da cama, chorava muito. Taninha aproximou-se e disse-lhe:

— Não chore, mamãe! Eu estou num lugar muito bonito. Em breve vou voltar para casa.

A mãe abraçou-a por alguns instantes, e logo depois foi reconduzida ao corpo pelo amigo espiritual que a assistia, nós retornamos a colônia. Estava ansioso por esclarecimentos.

— O que motivou a realização dessa visita à mãe de Taninha? – perguntei.

— Esse é um procedimento rotineiro realizado pelos Espíritos responsáveis pela colônia. Vez ou outra, algumas crianças são conduzidas a presença dos pais a fim de amenizarem o sofrimento causado pela separação. Pela manhã, quando acordar, a mãe de Taninha se sentirá um tanto mais reconfortada.

— Compreendi que a condição dos Espíritos abrigados nesta colônia é uma condição excepcional. Mas de um modo geral, como ficam os Espíritos que desencarnaram na infância física?

— Dependendo da evolução alcançada, reassumem quase que imediatamente a consciência plena. Consequentemente, retomam a aparência com que se revestiam no período anterior ao da reencarnação. Muitos retornam em Espírito para junto dos pais, para ajudá-los enquanto permanecem reencarnados. Outros são socorridos até que se recomponham novamente. Não existe uma regra absoluta e determinante, estamos sujeitos às leis naturais que, segundo o progresso alcançado, nos favorecem ou nos dificultam qualquer transição que tenhamos de realizar, seja qual for o plano da nossa manifestação.

— Vejo que se aproxima o momento do meu retorno ao corpo, mas gostaria de mais um esclarecimento. Por que tivemos de utilizar um veículo para nos conduzir à casa da mãe de Taninha?

— A colônia prima por manter as características do plano terrestre a fim de não confundir a mente desses Espíritos que ignoram que se ausentaram do corpo.

Diante desses esclarecimentos, ficou clara uma coisa: quanto mais vamos descortinando a verdade, mais fica patente que a chave para abrir as portas da nossa felicidade está em nossas mãos, ou melhor, em nossos corações.

Após retornar ao corpo, no dia seguinte, fui pesquisar as obras da codificação para encontrar mais algum esclarecimento sobre os Espíritos que desencarnaram ainda crianças.

Na Revista Espírita editada no mês de agosto de 1866, encontrei um fato bastante esclarecedor com o título: *"Crianças, Guias Espirituais dos Pais"*, o qual transcrevo na íntegra:

"Tendo perdido um filho de sete anos, e tendo-se tornado médium, a mãe teve a mesma criança como guia. Um dia lhe fez a seguinte pergunta:

— Caro e bem-amado filho, um dos meus amigos espírita não compreende e não admite que possas ser o guia espiritual de tua mãe, desde que ela existia antes de ti e, indubitavelmente, deve ter tido um guia, nem que fosse durante o tempo que te tivemos ao nosso lado. Podes dar-nos algumas explicações?

Resposta do Espírito da criança:

— Como quereis aprofundar tudo quanto vos parece incompreensível? Aquele que vos parece mesmo o mais adiantado no Espiritismo está apenas nos primeiros elementos da Doutrina e não sabe mais do que este ou aquele que vos parece ao par de tudo e capaz de vos dar explicações.

— Eu existi muito tempo antes de minha mãe, e ocupei, em outra existência, uma posição eminente por meus conhecimentos intelectuais.

— Mas um imenso orgulho se havia apoderado de mim, e durante várias existências consecutivas fui submetido à mesma provação, sem poder dela triunfar, até chegar à existência em que estava junto de vós. Mas como já era adiantado e minha partida deveria servir ao vosso adiantamento, a vós tão atrasados na vida espiritual, Deus me chamou antes do fim do meu corpo, considerando minha missão junto a vós mais aproveitável como Espírito do que como encarnado.

— Durante minha última estada na Terra, minha mãe teve o seu anjo da guarda junto a ela, mas temporariamente, porque Deus sabia que era eu quem deveria ser o seu guia espiritual e que eu a traria mais eficazmente na via de que ela estava tão afastada. Esse guia, que ela tinha então, foi chamado a uma outra missão, quando vim tomar o seu lugar.

— Perguntai aos que sabeis mais adiantados do que vós, se esta explicação é lógica e boa. Porque por ser minha opinião pessoal e, mesmo a emitindo, não sei bem se me engano. Enfim, isto vos será explicado, se perguntardes. Muitas coisas ainda vos são ocultas e vos parecerão claras mais tarde. Não queirais aprofundar muito porque, então, dessa constante preocupação nasce a confusão de vossas ideias. Tende paciência e, assim como um espelho embaciado por um sopro ligeiro, se clarifica pouco a pouco, vosso Espírito tranquilo e calmo atingirá esse grau de compreensão necessário ao vosso adiantamento.

— Coragem, pois, bons pais; marchai com confiança, e um dia bendireis a hora da provação terrível que vos trouxe à via da felicidade eterna, e sem a qual teríeis muitas existências infelizes a percorrer ainda."

Observação de Kardec:

"Essa criança era de uma precocidade intelectual rara para a sua idade. Mesmo gozando de plena saúde, parecia pressentir sua morte próxima. Alegrava-se nos cemitérios e sem jamais ter ouvido falar em Espiritismo, em que os pais não acreditavam, muitas vezes perguntava se, quando se está morto, não se podia voltar para os que se tinha amado; aspirava a morte como uma felicidade e dizia que quando morresse sua mãe não deveria afligir-se, porque voltaria para junto dela. Com efeito, foi a morte de três filhos em alguns dias que levou os pais a buscar uma consolação no Espiritismo. Essa consolação a encontraram largamente e sua fé foi recompensada pela possibilidade de conversar a cada instante com os filhos, pois em muito pouco tempo a mãe se tornou excelente médium, tendo até o filho como guia, Espírito que se revela por uma grande superioridade."

Pudemos observar nesta comunicação que o Espírito, embora desencarnado aos sete anos, ao escrever, está com todo o seu potencial de sabedoria em pleno estado de consciência e demonstra claramente que raciocina como adulto, inclusive com recordações de fatos e experiências vividas em outras encarnações.

Eu tive uma irmã que não conheci e que desencarnou aos doze anos. Conversei muitas vezes com ela por meio da mediunidade de minha mãe e ela conversava comigo como adulta, sem apresentar os trejeitos peculiares da infância, pelo contrário, dava-me sábios conselhos.

Portanto, recomendo aos pais, cujos filhos partiram na tenra idade: continuem amando-os como Espíritos eternos que são, e que, à semelhança do que aprendemos com a comunicação descrita anteriormente, essas crianças que durante algum tempo agasalharam vossos corações, proporcionando-lhes a oportunidade de exercitar o amor e a resignação, colocando-os na via da Felicidade Eterna, poderão neste momento, estar ao vosso lado com as atribuições de um Guia Protetor, velando para que não se entreguem à revolta e ao desespero. Confiem! Para que amanhã, nos Planos da Vida Eterna, abraçados, desfrutem da felicidade que vos aguarda.

PLANO INTERMEDIÁRIO

Muitos ainda acreditam que haverá um julgamento final, no qual, seremos condenados ao sofrimento eterno ou absolvidos, para então desfrutarmos do céu da ociosidade. Como se a vida fosse um jogo desigual, onde só existem ganhadores e perdedores, competindo uns com mais, outros com menos recursos, cujos perdedores não têm a chance de voltarem a competir com igualdade de condições.

Se assim fosse, seria a falência absoluta dos atributos de Deus.

As qualidades divinas são inalteráveis, os homens é que tentam por intermédio das religiões, moldá-las segundo o interesse que alimentam e acabam afrontando a própria razão.

Subestimam a sabedoria de Deus, quando a Ele atribuem predicados puramente humanos, tentando revesti-Lo com as suas paixões.

Suas leis são simples e sábias! Assim como tudo é simples na natureza.

Enquanto o homem, para controlar a sociedade, precisa instituir milhares e milhares de leis, Deus, na Sua sabedoria infinita, dirige o universo com uma só lei: causa e efeito. Com ela, estabeleceu o universo auto-sustentável e transformou o homem em deus de si mesmo.

Na natureza, com exceção do homem, cada elemento que a compõe atende a uma finalidade específica e inalterável, gerando um sistema perfeito e auto-sustentável. Nesse contexto, a água, os minerais, os vegetais e os animais, cumprem cada qual o seu papel, desfrutando com equilíbrio dos recursos a que foram destinados usufruir ou gerar.

Não existem variações no uso desses recursos, o animal herbívoro usa a erva somente para se alimentar ou quando muito, para construir seus ninhos, jamais a destina para outras finalidades. Assim é com tudo que está inserido na natureza.

Quando analisamos o reino racional e a sua relação com a natureza, tudo isso se altera substancialmente.

Cada elemento e cada coisa deixa de ter uma finalidade específica e se torna neutra. Quem passa a determinar a finalidade e o valor de cada coisa é o homem.

Tudo está sujeito à vontade do ser inteligente. Cada coisa se transforma naquilo que ele deseja. A água em suas mãos, além de saciar a sede, pode transformar-se em remédio ou veneno; o dinheiro pode transformar-se em instrumento de felicidade ou de infelicidade, do bem ou do mal. Enfim, tudo é para nós, segundo o que determinamos que seja, inclusive o mundo em que vivemos.

Essa característica do ser inteligente, fez dele um deus realmente. Atua como arquiteto, juiz e autor do seu próprio destino.

Em face dessa qualidade da qual fomos revestidos pela criação, nossa consciência transforma-se no tribunal onde somos julgados a cada instante, ou seja, a cada atitude.

Portanto, não é necessário que se montem tribunais no mundo espiritual para nos julgar.

Todos os dias estamos sendo julgados pela nossa consciência que é parte de Deus em nós, garantindo que recebamos segundo as nossas obras.

Entretanto, muitos ainda estão com esse potencial divino adormecido ou atenuado por conceitos equivocados ou por ignorância. Por isso mesmo, Jesus afirmou: "Busque a verdade e ela vos libertará".

Quando alcançamos o conhecimento da nossa real natureza e dilatamos a nossa compreensão reconhecendo a nossa condição de Espíritos eternos, consequentemente, passamos a administrar nossas ações em consonância com os apelos da nossa consciência. Porém, nem todos alcançaram esse equilíbrio. Por esse motivo, encontramos uma grande maioria de Espíritos desencarnados vivendo um estado de inconsciência que os situam nas regiões umbralinas.

Umbral é o nome que se dá ao vão da porta, não é um lugar específico no mundo espiritual, mas sim uma condição dos Espíritos ignorantes da própria situação de desencarnados.

Não estando suficientemente esclarecidos para avançar na direção dos planos mais adiantados, estacionam no umbral da porta. Não conseguem entrar no mundo espiritual que ainda ignoram, nem tão pouco conseguem deixar as ilusões do mundo material.

Quando os benfeitores se referem aos Umbrais, estão se referindo aos planos vibratórios habitados por Espíritos nessas condições, os quais, são atraídos, pelas afinidades, para lugares que se constituem em verdadeiros vales de sofrimentos ou de paixões desenfreadas. É nesses lugares que se opera um maravilhoso processo homeopático, onde semelhante cura semelhante.

Ali são obrigados a compartilhar suas paixões com Espíritos da mesma índole, até serem levados à exaustão e à saturação e, consequentemente, ao arrependimento. É sob esse processo que os sovinas se arrependem da sovinice, os violentos da violência e assim por diante.

Os Espíritos que em vida não foram maus, mas também não foram bons o suficiente para conquistarem amigos espirituais que poderiam recebê-los e esclarecê-los no mundo espiritual, embora não sejam atraídos para esses vales, pela ignorância espiritual em que se encontram, acabam permanecendo nos lugares onde viveram, fazendo as mesmas coisas que faziam quando encarnados. Continuam participando da vida familiar, das atividades profissionais, comem e bebem e, por incrível que pareça, disputam com os encarnados os valores que deixaram na Terra.

É um processo natural e inteligente inerente à criação que, por meio da nossa consciência, nos situa exatamente nos planos vibratórios ajustados à nossa compreensão.

Portanto, a morte não exerce nenhum tipo de transformação. Ao passar para o plano espiritual, cada qual carregará consigo o mundo que construiu dentro de si mesmo. Os ateus continuarão a pensar como ateus, os orgulhosos continuarão alimentando seu orgulho, os viciados continuarão buscando saciar seus vícios e assim por diante, até que cada um desperte para a realidade e comece a renovar os seus conceitos e comportamentos equivocados. Da mesma forma, aqueles que construíram a paz em si mesmos, continuarão a desfrutar da paz e da alegria, e de todas as demais virtudes que logrou conquistar enquanto peregrinava no plano físico.

Para ilustrar este capítulo, Aulus levou-me para as ruas, onde observamos várias situações em que vivem esses Espíritos.

LAÇOS ESTRANHOS

Os primeiros clarões do amanhecer surgiam no horizonte prefaciando um novo dia. Na rua, onde estávamos, o número de transeuntes era muito grande. A aglomeração nos pontos de parada dos coletivos denunciava que eram pessoas rumando para suas atividades cotidianas. Aulus, para minha surpresa, revelou-me:

— Um grande número das pessoas que você vê, são Espíritos desencarnados ignorantes da própria situação. Acreditam-se vivos no plano físico. Pelas suas condições vibratórias, subordinadas à própria consciência, estão ajustados ao plano imediato à matéria.

— De que forma participam da vida dos encarnados uma vez que a matéria tornou-se intangível para eles? – perguntei.

— Dependendo do estado de consciência do Espírito encarnado, o grau de condensação da energia do corpo etérico, através do qual se liga à matéria, chega a atingir uma frequência vibratória das mais baixas, elevando-se apenas alguns graus à da matéria. Esses Espíritos que você vê andando pelas ruas, em função da ignorância espiritual em que se encontram, quando deixaram o corpo físico, sofreram no perispírito uma alteração mínima acima do grau de frequência em que vibravam quando encarnados, atuam na frequência vibratória dos duplos etéricos. Enxergam e tocam apenas o duplo da forma material.

— É dessa maneira que participam das sensações do mundo material, sentem frio, calor etc.

— É por isso que muitos Espíritos se manifestam nas reuniões mediúnicas, afirmando estarem vivos e, apesar do esclarecimento, encontram dificuldades para aceitarem a ideia da morte?

— Sim! No estado de inconsciência em que se encontram é natural a dificuldade que sentem para se identificarem como Espíritos desencarnados.

Naquele momento, Aulus fez-me um sinal e nos dirigimos para uma residência localizada na rua em que estávamos. Entramos, fomos até o quarto de dormir. Na cama, um casal estava entregue ao sono.

Aulus explicou-me:

— Esse homem que está deitado no leito, ao lado da mulher, é seu ex-marido. Desencarnou há quase uma década. Entretanto, ignora a própria situação, vive ao seu lado como se ainda estivesse encarnado.

— E como é a relação dos dois, visto que ela não o vê?

— Dentro de instantes você vai registrar um acontecimento interessante que ocorre quando dois Espíritos se acham ligados apenas pelos laços carnais.

Não demorou muito e a mulher libertou-se do corpo, voltou-se para o companheiro ao lado e começou a acariciá-lo. Pelos gestos, percebi que estava excitada, o ex-marido acordou e começou a retribuir-lhe as carícias, olhei para o Aulus e ele fez-me um sinal para sairmos do quarto. Fomos para a sala...

Surpreso, perguntei:

— É possível que haja uma relação íntima entre os dois?

— Sim! Mais intensa do que quando estava encarnado! Em função do perispírito da esposa vibrar na mesma frequência em que ele se situa, torna-se viável qualquer tipo de relação. Caso contrário, dificilmente poderia tocá-la.

— Como ajudar um Espírito nessa situação?

— Alguns Espíritos amigos tentaram resgatá-lo dessa situação, mas ele continua surdo aos apelos da consciência, ela por sua vez, o mantém preso a sua alcova sob poderoso domínio. "Sexólatra", não aceita perder o parceiro. No caso do nosso irmão é muito difícil prestar-lhe qualquer ajuda. Compromissados espiritualmente, reencarnaram com a promessa de constituírem um lar e receber como filhos três Espíritos que, no passado, aliciaram, projetando-os na prostituição. Porém sua esposa, muito vaidosa e narcisista, recusou as bênçãos redentoras da maternidade para não comprometer a beleza física. Cordato com ela, agravaram ainda mais o grau de comprometimento com as leis universais que prodigalizam a cada um segundo suas obras.

— E os Espíritos que deveriam receber como filhos ou filhas?

— Com a ajuda dos benfeitores da nossa esfera, tentaram durante alguns anos sensibilizar o casal nos momentos em que estes se viam fora do corpo, durante o sono, mas foi em vão. Hoje estão amparados em uma colônia espiritual, aguardando uma nova oportunidade para retornarem às experiências no mundo material.

Percebi que os dois viviam uma simbiose onde se locupletavam em seus desejos carnais. Então perguntei:

— Quanto tempo ficarão nessa situação?

— Provavelmente, após a esposa desencarnar, serão atraídos para um dos vales onde os Espíritos se alimentam das mesmas paixões, lá ficarão até esgotarem as forças psíquicas oriundas do monoideísmo que os mantém alienados.

— Poderia explicar melhor esse processo?

— Quando o Espírito se fixa em um único objetivo, acaba concentrando e direcionando todo o seu potencial mental e energético nessa direção. Quando essa posição mental perdura durante muito tempo, atravessando várias encarnações, o Espírito acaba comprometendo até a estrutura do perispírito, a qual, depende dos recursos mentais para manter a forma.

Estávamos ainda na sala, quando ouvimos batidas na porta da rua. O homem saiu do quarto, passou por nós e foi até a porta. Ao abri-la, entrou um senhor com o qual começou a conversar:

— Então seu Augusto? Como está a vida?

— Não vai nada bem! Não consigo mais trabalhar, o reumatismo está acabando comigo.

— Você precisa se tratar! Por que não vai ao médico?

— Eu estive no consultório do Dr. Maurício, mas ele não quis me atender, aliás, nem me deu atenção.

— Venha, vamos tomar um café.

Percebi tratar-se de um outro Espírito desencarnado, foram para a cozinha. Nós os acompanhamos. O morador aproximou-se do fogão, acendeu-o e colocou sobre ele um bule de café para aquecer. Depois de alguns instantes, pôs sobre a mesa um pote de vidro cheio de biscoitos, encheu duas xícaras de café e os dois começaram a comer os biscoitos e a tomar o café. Olhei para o Aulus admirado. Percebendo a minha curiosidade, esclareceu-me:

— Ao pegar o bule, ele tomou na mão o duplo etérico da forma material. Do mesmo modo, usou o duplo do fogão, comeram o duplo dos biscoitos e ingeriram o duplo do café.

— Devo entender que o café que ingeriram e os biscoitos que comeram perderam seus respectivos duplos?

— Sim! Consequentemente, perderam a consistência que o duplo etérico dá à forma material. Isso redundará em uma sensível alteração na estrutura física desses alimentos, o que provocará uma deterioração precoce.

— O mesmo acontece com outros alimentos caso algum Espírito venha a comer ou beber seus duplos?

— Nos lares desequilibrados, onde os seus componentes vivem em constante desarmonia, geralmente são pessoas apáticas, pois convivem diariamente com mentes infelizes desencarnadas que, atraídas pela descompostura reinante no ambiente, se comprazem e se alimentam das mesmas coisas que os encarnados. Servem-se do cardápio familiar comendo o duplo das iguarias ali produzidas. Com o duplo consumido por esses Espíritos, as frutas e os alimentos, além de perderem parte das propriedades alimentícias, o que justifica a apatia dos moradores, apodrecem rapidamente.

— Nesse caso, esta casa, pelo comportamento do casal, não deveria estar assediada por Espíritos dessa ordem?

— Não esqueça que temos aqui um morador que vive como encarnado, o qual, defende os seus "direitos" materiais com todas as forças que possui.

— A qual força se refere?

— À única força que conhecem os Espíritos nessas condições: a força bruta.

— Isso quer dizer que os Espíritos nessas condições podem se agredir mutuamente?

— O plano vibratório em que se situam esses Espíritos, é semelhante ao plano físico, basicamente se alimentam das mesmas paixões e vícios.

— Eu notei que foi preciso abrir a porta para o visitante entrar, ele simplesmente não poderia tê-la atravessado? Ou penetrado pela parede?

— Eles não enxergam a matéria, e podem trespassá-la. Entretanto, vêem o duplo etérico que para os Espíritos nessas condições vibratórias, exerce o mesmo papel que a matéria para os encarnados. Foi preciso destrancar e abrir o duplo da porta para que pudesse entrar.

– Quer dizer que é uma questão até de segurança espiritual os encarnados manterem as portas fechadas?

– Sem dúvida! Porém, quando pelo comportamento os encarnados atraem para junto de si, os Espíritos menos felizes, estes se sentem como convidados, aproveitam e entram nos momentos em que os encarnados abrem a porta.

— E quando o encarnado vive uma vida sóbria e equilibrada? O que o defende dessas investidas?

— Nesse caso, a psicoesfera que envolve um lar onde habitam encarnados dessa jaez, exerce uma ação protetora que desestimula qualquer tentativa de invasão por parte dos Espíritos menos esclarecidos.

— Os lares não dispõem de um protetor familiar?

— Sim! Porém, eles não interferem na liberdade dos encarnados, apenas intercede por eles. Estão ali para garantir os direitos conquistados e ajudá-los em suas dificuldades evolutivas.

— Quem é o guardião familiar?

— Geralmente um Espírito amigo que, por estar ligado aos familiares pelos laços afetivos ou evolutivos, aceitou a missão de velar por eles enquanto encarnados.

Naquele momento retornei ao corpo, como sempre, meditei profundamente sobre tudo o que observei, principalmente sobre as orientações e os esclarecimentos de Aulus.

Realmente, a criação não concede privilégios à ninguém! Existe sim, a misericórdia de Deus renovando constantemente as nossas oportunidades, até que nos livremos das malhas da ignorância e do sofrimento.

Reconforta-me saber que um dia todos estarão de posse desses conhecimentos. O homem poderá dificultar o seu acesso com os seus conceitos acadêmicos, retardá-los com os seus preconceitos religiosos, mas jamais conseguirá impedi-los de chegar a todos os corações.

NEM TODOS QUE DIZEM SENHOR! SENHOR...

A ideia de um Deus paternalista, tendencioso e parcial que simplesmente perdoa o arrependido, absolvendo-o de reparar seus erros, tem contribuído para encarcerar as mentes desprevenidas em situações dolorosas tanto na Terra como no mundo espiritual.

Quando o ser humano abdica da razão e do bom senso, condena-se a duras penas. Os fanáticos e até certo ponto enlouquecidos pela fantasia religiosa, mergulham na ilusão, criando no mundo espiritual, após a morte do corpo, um verdadeiro mundo paralelo ao da realidade. Subjugados pela mente adormecida nos devaneios da fé que abraçaram, plasmam à própria volta um cenário que para eles se transforma na mais profunda realidade. Aulus conduziu-me a um lugar ou uma faixa vibratória, onde milhares de Espíritos se encontram nessa situação.

O lugar, de certa forma, apesar da claridade tênue do entardecer, pareceu-me sombrio. Alguns Espíritos, portando uma Bíblia nas mãos, caminhavam por entre centenas de Espíritos estendidos sobre a relva, os quais, pareciam mergulhados em profundo sono.

Esses Espíritos que pareciam velar pela multidão adormecida, aproximaram-se e se ajoelharam diante de Aulus e, exaltados, empunhando a Bíblia com as duas mãos e erguendo-a para o alto demonstrando um comportamento próprio dos alucinados, começaram a gritar:

— Aleluia! Aleluia! Deus enviou o seu anjo para nos anunciar sua vitória sobre o demônio. Toquem as trombetas! Finalmente a Terra será entregue aos filhos de Deus!

Percebi que Aulus imediatamente atuou sobre a própria frequência vibratória, tornando-se imperceptível aos seus olhos. O espanto e a indignação de que foram acometidos causou-lhes profunda decepção. Um deles, começou a gritar:

— Aleluia irmãos! Louvemos a Deus! Esta foi mais uma tentativa do demônio para nos enganar! Revestiu-se de anjo diante dos nossos olhos, mas Deus imediatamente aniquilou suas forças e o fez desaparecer no nada.

Aulus, demonstrando piedade em seus olhos, meneou a cabeça e afirmou:

— Pobres infelizes! Julgam-se o povo escolhido de Deus. Dormem hipnotizados por essa terrível ilusão, aguardando o dia do julgamento final, quando esperam herdar a Terra.

— Entre eles não existirá alguns que agiram de boa fé, acreditando realmente em tudo que lhes ensinaram os líderes dessas religiões?

— Os crentes sinceros, seja qual for o caminho religioso que abraçaram, se isto os tornou melhores, mais humildes, mais tolerantes e mais fraternos perante seus irmãos, recebem no mundo espiritual uma atenção especial pelo bem que praticaram, e não pela fé que abraçaram. São recebidos e esclarecidos condignamente e, embora as dificuldades naturais que encontram para compreenderem, em pouco tempo, acabam reconhecendo a realidade em que estão inseridos. Os irmãos que você vê mergulhados nessa situação infeliz, são Espíritos que pelo fanatismo tornaram-se egoístas e intolerantes, auferindo a si mesmos uma qualidade que não conquistaram.

— Dormem indefinidamente?

— Vez ou outra são acordados por Espíritos zombeteiros que se divertem dizendo-se demônios, gerando um pânico geral entre eles. Muitos desses Espíritos zombeteiros são os mesmos que foram tratados como tal nos cultos religiosos praticados por esses irmãos.

— Todos os religiosos fanáticos assumem essa posição aqui no mundo espiritual?

— Nem todos. Somente aqueles que acreditaram e ainda acreditam que os mortos mergulhariam em um sono profundo até o dia do julgamento final. Alguns, embora o fanatismo, permanecem presos aos afazeres terrenos, mantendo-se distraídos da realidade, outros decepcionaram-se com o que encontraram no mundo espiritual e acabaram se revoltando contra tudo e contra todos, tornando-se terríveis obsessores. Os hipócritas da fé, continuam perambulando pelas igrejas, participando dos cultos e das cerimônias religiosas. Quando encarnados, fizeram grandes doações aos templos religiosos acreditando que, com isso, conquistavam a misericórdia de Deus.

— Devo crer que estes são aqueles a quem Jesus se referiu quando disse:

"Aqueles que dizem: Senhor! Senhor! Não entrarão todos no reino dos céus; mas somente entrará, aquele que faz a vontade do meu Pai que está nos céus. Vários me dirão naquele dia: Senhor! Senhor! Não profetizamos em seu nome? Não expulsamos os demônios em vosso nome? E então eu lhes direi claramente: Retirai-vos de Mim, vós que fazeis obras de iniquidade. (Matheus, cap. VII, v. 21, 22, 23)".

— Sim! Ainda não compreenderam que Deus não quer seus filhos adorando-o em práticas exteriores, mas sim com atitudes fraternas, semeando o bem à própria volta e contribuindo com a paz e a felicidade dos seus irmãos.

— Só existe este lugar abrigando os religiosos imprevidentes?

— Vales como este existem aos milhares em torno do orbe terrestre situados próximos às coletividades encarnadas a que estão ligados.

— Os Espíritos socorristas tentam tirá-los dessa situação?

— Os benfeitores responsáveis em atender os desígnios da misericórdia de Deus, os mantém em atividades mentais constantes, induzindo-os magneticamente a sonhos esclarecedores que, com o tempo, acabam estimulando o despertar da consciência.

— Alguns acordam espontaneamente?

— Muitos! Mas o medo de descumprirem o que para eles está especificado nas leis de Deus, os fazem mergulhar novamente em sono profundo. Estão submetidos, na verdade, a uma auto-hipnose.

Voltei ao corpo plenamente convencido de que fazer a vontade de Deus não significa adorá-Lo nos templos de pedra, mas sim no templo da vida! Na convivência com os nossos irmãos que, como nós, ainda não são perfeitos, mas caminham para a perfeição. Nessa caminhada, Deus espera que sejamos fraternos uns para com os outros e nos ajudemos em nossas dificuldades, compreendendo que, nem todos transitamos na mesma faixa de entendimento, por isso mesmo recomenda-nos pelas palavras de Jesus:

"Amai-vos uns aos outros, como Eu vos amei!".

Laços conscienciais

Desta vez, Aulus levou-me até um logradouro o qual reconheci. Pareceu-me localizar-se no bairro de Santa Efigênia, na zona central da cidade de São Paulo. Estávamos frente a uma leiteria, igual àquelas que existiam na década de quarenta. Logo deduzi: estamos visitando as imagens de um passado. Vi um homem e uma mulher vestidos à moda antiga, ele usava palheta e sapatos de duas cores; ela, um traje longo e escuro com um chapéu adornado em renda. Os dois atravessaram a avenida e entraram na leiteria. Nos aproximamos. Eles se sentaram a uma das mesas e começaram a cochichar como que tramando alguma coisa, mesmo de onde estávamos, consegui ouvir o diálogo:

— Ele tomou tudo? – perguntou o homem.

— Sim! Ele tomou tudo!

— Finalmente, ficaremos livres!

A mulher, esfregando as mãos, com o semblante demonstrando ansiedade, perguntou:

— Será que vai funcionar?

— Não pode falhar! Coloquei a dose certa.

Passados alguns instantes, um senhor, vestindo ceroulas, atravessou a avenida como que saindo de um dos edifícios em frente de onde estávamos e, com as mãos apertando a região gástrica aproximou-se da mesa onde estava o casal e começou a gritar:

— Loucos! Vocês me envenenaram.

Repetindo várias vezes essa frase, saiu cambaleando, até cair no chão e começar a agonizar. Encolhido na calçada da via pública, contorcendo-se em dores e emitindo gemidos agudos, expirou. O casal, com os olhos arregalados, assistia o desenrolar da cena, demonstrando imenso pavor. Logo depois, tudo que estávamos vendo se desvaneceu. Fiquei assustado, mas logo Aulus explicou-me:

— Entramos na faixa vibratória desses Espíritos cujas consciências atormentadas, projeta-os para este lugar todos o dias, para viverem a cena do crime que cometeram quando envenenaram o esposo da mulher.

— E no caso da vítima, ela também é atraída para este lugar?

— Não! A cena da vítima em agonia é uma projeção mental que, para eles, assume características de realidade.

— Na verdade, onde se situam esses Espíritos?

— A mulher e o seu amante, vivem perambulando pelos vales das ilusões, tentando sufocar a própria consciência, mas enquanto não se arrependerem do crime praticado, continuarão revivendo diariamente as cenas a que assistimos. Seu esposo está agora reencarnado. Ao sofrer a morte nessas circunstâncias, resgatou o passado delituoso e, por meio do perdão concedido aos seus criminosos, libertou-se dos vínculos que o mantinham preso a uma convivência reparadora com os seus algozes.

— A vítima estaria fadada a morrer nessas circunstâncias?

— Neste caso, não. A vítima, ao reencarnar, sabia do risco a que iria se submeter ao se unir em uma vida com um Espírito ainda rebelde e que, no passado, fora sua companheira em vários crimes que praticou. Entretanto, arrependido e consciente das suas necessidades evolutivas, compreendendo que para avançar precisava libertar-se dos laços que ainda o prendiam a ela, corajosamente decidiu reencarnar.

— Então, o desfecho poderia ser outro?

— Sim! Nosso irmão, um tanto renovado das suas atitudes infelizes do passado, ao desposá-la, empenhou-se em ajudá-la a renovar-se, mas ela acabou cedendo às tendências infelizes que alimentava, comprometendo-se ainda mais com a lei de causa e efeito.

— Nesse caso, devo entender que a vítima foi o único que saiu beneficiado dessa encarnação?

— Todos saíram beneficiados. Os criminosos ao recalcitrarem no mal, irão amadurecer colhendo os seus efeitos. Por outro lado, a vítima libertou-se dos laços infelizes que o impediam de avançar na direção da felicidade.

Naquele momento, fiquei imaginando os comentários das pessoas encarnadas na época em que esse crime foi cometido. Provavelmente fizeram afirmações como estas:

"Coitado! Um homem tão bom."

"Essa mulher merecia a forca."

Infelizmente, ainda nos dias de hoje, uma grande maioria julga dessa forma, entretanto, não sabem que não existe o mal propriamente dito, e que, quando ele nos envolve, é para nos beneficiar, a menos que sejamos seus autores, na verdade, somos nossas únicas vítimas.

As cenas que assisti, fez-me lembrar da médium Ivonne A. Pereira que, mesmo estando encarnada, ao desdobrar-se à noite, revivia a cena de quando praticou o suicídio em uma vida anterior, afogando-se nas águas de um rio.

Analisando os fatos e as orientações, comentei com Aulus:

— Diante de fatos como esse é que passamos a entender a sabedoria divina! Com certeza, o homem é um deus de si mesmo! É o arquiteto da sua felicidade ou infelicidade. Entretanto, é preciso saber que não estamos sós nessa empreitada. Nossa consciência é o receptor dos impulsos divinos, estimulando em nós a justiça, o amor e a misericórdia, até que alcancemos a sabedoria e, consequentemente, a perfeição. Age como um marcapasso que, por meio de impulsos eletromagnéticos, mantém o coração doente trabalhando.

— Dedução sábia! Realmente, não estamos órfãos. Como e onde estivermos, Deus estará em nós, convidando-nos a participarmos da Sua obra.

Retornei ao corpo. No dia seguinte, analisando o caso dessas mentes culpadas, lembrei-me de um Espírito assassino, chamado Jacques Latour, condenado pelo Supremo Tribunal de Justiça de Foix, e executado em setembro de 1864, e que, ao contrário do que vimos, arrependeu-se prontamente dos seus crimes. Esse Espírito manifestou-se várias vezes por intermediário de uma senhora, em Bruxelas. Nas primeiras manifestações, queixava-se da presença constante das suas vítimas atormentando-o no mundo espiritual, mas depois de arrependido e consciente dos seus erros, deu um valioso depoimento que consta do livro, *"O*

Céu e O Inferno", nessa comunicação, Latour passou-nos uma elevada lição, de onde podemos extrair profundos ensinamentos para que possamos compreender a grandeza e a extensão da misericórdia de Deus para com os seus filhos:

"Nada temais de mim. Estou mais tranquilo, porém sofro ainda. Deus teve piedade de mim, pois viu o meu arrependimento. Agora sofro com o arrependimento, que me faz ver a enormidade das minhas faltas.

Se eu tivesse sido guiado na vida, não teria praticado todo mal que pratiquei. Mas não reprimiram as minhas tendências infelizes e cedi a elas, sem saber refreá-las. Se os homens pensassem mais em Deus, ou pelo menos se todos os homens n'Ele cressem, não mais se cometeriam semelhantes crimes.

Mas a justiça dos homens é difícil de entender. Por uma falta, às vezes leve, é um homem fechado numa prisão, que é sempre um lugar de perdição e perversão. Dela sai completamente corrompido pelos maus conselhos e pelos maus exemplos que lá encontra. Se por acaso sua índole é suficientemente boa e forte para resistir aos maus exemplos, ao sair da prisão fecham-se-lhe todas as portas, todos lhe negam auxílio, todas as pessoas o repelem. Que lhe resta? O desprezo, a miséria, o abandono e o desespero, se estiver resolvido a voltar para o bom caminho. A miséria o compele a tudo. E, então, ele mesmo despreza o seu semelhante, odeia-o e perde toda noção de bem e de mal, pois vê-se desprezado quando tinha decidido tornar-se um homem honrado. Para obter o necessário, rouba, às vezes, mata. E acaba na guilhotina!

Meu Deus, no momento em que as minhas alucinações vão novamente dominar-me, sinto Vossa mão estendendo-se para mim. Sinto Vossa bondade que me envolve e protege. Obrigado, meu Deus! Em minha próxima existência, empregarei minha inteligência, minha fortuna para socorrer os desgraçados que sucumbiram e preservá-los da queda.

Obrigado a vós, a quem não repugna comunicar-se comigo. Nada temais. Estais vendo que não sou mau. Quando pensardes em mim, não me imagineis com o aspecto com que me vistes, mas imaginai uma pobre alma desolada que vos agradece pela vossa indulgência.

Adeus. Evocai-me novamente, e orai a Deus por mim."

Allan Kardec, fez sábias observações sobre essa manifestação:

"Sofro, diz o Espírito Latour, com o arrependimento que me mostra a enormidade de meus crimes. É este um pensamento profundo. O Espírito só compreende realmente a gravidade de seus delitos, quando se arrepende. O arrependimento traz o pesar, o remorso, sentimentos dolorosos que se transformam na transição do mal para o bem, da doença moral à saúde moral. É para fugir a isso que os Espíritos perversos resistem à voz da consciência, como os doentes repelem o remédio que irá curá-los. Procuram iludir-se a si próprios, aturdir-se, persistindo no mal."

Diante desses ensinamentos, fica claro que apenas o arrependimento não basta para promover ao Espírito a felicidade que almeja, é preciso a reparação dos erros e crimes cometidos, o que só será possível em uma nova reencarnação.

Para ilustrar ainda mais estes importantes esclarecimentos, vou recorrer novamente ao livro, *"O Céu e O Inferno"*, citando um caso característico de resgate sofrido pelo Espírito e revelado em sua manifestação, durante uma reunião mediúnica realizada por Allan Kardec, na Sociedade de Paris.

O Espírito foi evocado por tratar-se de um fato bastante curioso:

"O senhor Antonio B ..., escritor de muito merecimento, estimado por seus conterrâneos, que exercera vários cargos públicos com distinção e integridade, na Lombardia, pelo ano de 1850, depois de um ataque de apoplexia ficou num estado de morte aparente, o qual, como às vezes acontece, foi tomado por morte real. Concorreu mais ainda para o engano o fato de aparecerem em seu corpo sinais de decomposição. Quinze dias depois do enterro, uma circunstância fortuita determinou que a família pedisse a exumação do corpo. Tratava-se de um medalhão, esquecido por descuido dentro do caixão. O espanto dos assistentes foi grande quando, ao ser aberto este, viram que o corpo mudara de posição, tinha-se virado e – coisa horrível – uma das mãos havia sido comida em parte pelo defunto. Ficou então manifesto que o infeliz Antonio B... tinha sido enterrado vivo. Deveria ter morrido nas angústias do desespero e da fome.

"Evocado na Sociedade de Paris, em agosto de 1861, a pedido de parentes, por meio do diálogo que segue abaixo, deu as seguintes explicações:

— O que quereis de mim?

— Um de vossos parentes nos pediu que vos evocássemos. Fazemos isto com prazer, e ficaríamos muito satisfeitos se vos dignasses responder-nos.

— Sim, quero responder.

— Lembrai-vos das circunstâncias da vossa morte?

— Ah! Certamente! Lembro-me bem. Por que reviver a lembrança dessa punição?

— É exato que foste enterrado vivo, por descuido?

— Creio que sim, pois a morte aparente tinha todas as características da morte real! Eu estava exangue. Não se deve culpar ninguém por um fato previsto antes de eu nascer.

— Se estas perguntas vão ser penosas para vós, quereis que paremos por aqui?

— Não. Podeis continuar.

— Gostaríamos que vos sentísseis feliz, pois deixastes a reputação de um homem honrado.

— Agradeço-vos. Sei que orareis por mim. Vou procurar responder, mas, se fracassar, um dos vossos guias suprirá a falha.

— Podeis descrever as sensações que tivestes naquele terrível momento?

— Ah! que prova dolorosa! Sentir-se encerrado entre quatro tábuas, de modo a não poder nem mexer-se nem mudar de posição! Não poder gritar: a voz, por falta de ar, não se transmitia! Ah! que tortura a do infeliz que procura em vão respirar num lugar onde o ar é insuficiente e sufocante. Eu era como um condenado na boca do forno, salvo o calor. Ah! não desejo a ninguém semelhantes torturas! Não! não desejo a ninguém um fim como foi o meu! Ai de mim! Cruel punição de uma cruel e feroz existência. Não me pergunteis em que pensava eu, mas mergulhava no passado e entrevia vagamente o futuro.

— Dissestes: "cruel punição de uma feroz existência". Mas a vossa reputação, até hoje impoluta, não fazia suspeitar nada disso. Podeis explicar-nos o que houve?

– O que é uma existência diante da eternidade? Certamente tratei de proceder bem em minha última encarnação, mas aquele fim já fôra aceito por mim, antes de nascer. Ah! Por que me perguntar sobre esse passado doloroso, que só eu conhecia, assim como os

Espíritos, enviados do Todo-Poderoso? Sabei então: já que devo contar-vos que numa existência anterior eu emparedara viva uma mulher – a minha – numa sepultura. A pena de talião tinha de ser-me aplicada. Olho por olho, dente por dente.

— Agradecemos por terdes concordado em responder as nossas perguntas, e pedimos a Deus que vos perdoe o passado em atenção ao mérito de vossa última existência.

— Voltarei mais tarde. Aliás, o Espírito Erasto vai completar o que contei.

Sobre este caso Erasto fez o seguinte comentário:

"O que tendes a extrair desta lição é que todas as vossas existências estão relacionadas entre si, nenhuma é independente da outra. As preocupações, as dificuldades, assim como as grandes dores que afetam as criaturas humanas são sempre consequências de uma vida anterior, culposa ou mal empregada. Entretanto, devo dizer-vos, os desenlaces como o do Sr. Antonio B... são raros, e, se este homem, cuja última existência não teve motivo para merecer censura, morreu daquela maneira, foi porque ele próprio solicitara semelhante morte, a fim de abreviar o seu período no mundo espiritual e atingir mais rápido as esferas superiores. Efetivamente, após uma fase de perturbação e sofrimento moral para expiação ainda do seu crime tremendo, este lhe será perdoado e ele poderá elevar-se a um mundo melhor, onde se encontrará com sua vítima, que o aguarda, já que o perdoou há muito tempo. Tratai pois, de tirar proveito deste exemplo doloroso, para suportar com paciência, os sofrimentos físicos, os sofrimentos morais e todas as pequenas misérias da vida".

Por meio desses depoimentos, percebemos que não basta ao Espírito culpado o simples arrependimento, é necessário, para o reequilíbrio da própria consciência, a devida reparação dos erros cometidos e o devido resgate dos crimes praticados. Seria injusto por parte das leis de Deus se estas facultassem o perdão incondicional sem a devida reparação e resgate por parte dos culpados, pois alguns cometem mais crimes que outros, uns erram menos que outros, mais injustas ainda seriam estas leis se, conforme algumas religiões apregoam, condenassem os culpados, e os que erraram, sem exceções, ao sofrimento eterno, aplicando a mesma punição para todos os crimes, enquanto nós, homens ainda imperfeitos, condenamos pelas nossas leis, de acordo com o crime praticado.

Precisamos avançar no conhecimento. Pudemos ver que a verdade não está tão distante quanto imaginamos. Basta um pouco de raciocínio e de bom senso e a descobriremos em nós mesmos.

SEGUNDA PARTE
(Orientações do Espírito Aulus)

A SEGURANÇA DO ESPÍRITO REENCARNADO

— No capítulo anterior, segundo a manifestação do Espírito Antonio B..., pudemos compreender que até mesmo um engano ou um acidente acaba contribuindo para que se cumpram as leis divinas. Devo entender então que não existe uma só criatura sofrendo inocentemente na Terra, mesmo quando se torna vítima de um acidente?

— Sem dúvida! Nada, nem mesmo um acontecimento inesperado pode interromper ou contrariar a lei que nos garante receber, cada um, segundo as nossas obras. Ninguém pagará pelo que não deve e nem colherá o que não semeou.

— Em um mundo como o nosso, onde vemos

proliferar a criminalidade e os acidentes de grande e pequeno porte acontecerem quase todos os dias, de que forma estamos resguardados dos nossos direitos para que não venhamos a sofrer inocentemente.

— Observa os acontecimentos que envolvem tais tragédias e verá quantas vidas foram poupadas de forma inexplicável, pela lógica e pela razão humana, colocando em cheque a inteligência e o raciocínio das mentes materialistas.

— E quanto aos crimes cometidos durante um assalto?

— Quando renascemos no corpo, trazemos gravadas em nosso subconsciente todas as informações referentes às nossas necessidades evolutivas. Se, no contexto dessas informações, acusar a necessidade de um resgate por meio de uma morte violenta em determinado momento da nossa vida, automaticamente nos conduziremos para o cenário desse acontecimento. Caso contrário, nenhuma força deste mundo nos fará estar ali naquele momento.

— Suponhamos que as leis de Deus me concederam viver encarnado durante oitenta anos na Terra. Mas, aos quarenta anos de idade, eu vou caminhando por uma rua erma e, lá na frente, surge um criminoso completamente drogado que, ao ver-me, decide matar-me e tomar tudo o que eu tenho. Eu ignoro as suas intenções e continuo caminhando na sua direção.

De que forma minha morte poderá ser evitada?

— Todos nós somos envolvidos por um campo sensorial que, na verdade, se constitui em um campo de força protetor, irradiado à nossa volta pelo nosso subconsciente e intimamente ligado a ele. Nada que venha contrariar ou violentar nossos direitos, consegue penetrá-lo. O criminoso em questão, ao aproximar-se, é envolvido e subjugado por essa energia que inibe as suas intenções. No mesmo instante, desencorajado de praticar o que planejara, passa adiante sem mesmo compreender o que aconteceu.

— Da mesma forma, somos protegidos das doenças que não merecemos sofrer?

— Sem dúvida.

— E no caso das armas disparadas a esmo, cujo projétil acaba atingindo alguém?

— Essa energia que nos envolve é a expansão do nosso perispírito. Além de formar um campo protetor natural, amplia a sensibilidade do Espírito encarnado o que lhe permite por meio do sensório, detectar o perigo com antecedência. No caso em questão, o subconsciente, informado do perigo iminente, automaticamente leva o encarnado a mover-se naquele instante, evitando de ser atingido. Caso a morte nessas condições se constitua em uma necessidade expiatória, e é chegada a hora de cumpri-la, acontece o oposto, mesmo se estiver fora de alcance do perigo, ao mover-se, é mortalmente atingido.

— Seria esse processo o que chamamos de sexto sentido?

— Nossos sentidos vão muito além dos que foram catalogados pela ciência acadêmica.

— E quando somos roubados ou assaltados, sofrendo apenas prejuízos materiais, esse acontecimento faz parte de um resgate?

— Nem sempre. Pode ser apenas uma lição, a fim de que os nossos valores espirituais sejam colocados à prova.

— Diante dessa revelação, onde descobrimos que dispomos de uma proteção natural e inteligente, a título de esclarecer os leitores, sinto-me na obrigação de perguntar: qual a função dos Espíritos denominados protetores?

— Os Espíritos protetores que nos acompanham durante o período em que estamos reencarnados, têm como missão, proteger-nos de males menores e desnecessários à nossa evolução, amparar-nos nas provações, para que não venhamos a sucumbir às tentações, ajudar-nos nas realizações louváveis, interceder por nós nos momentos mais aflitivos, ajudar-nos a conquistar o que temos por direito e, finalmente, receber-nos no mundo espiritual, no momento da nossa passagem. Isso se não nos distanciarmos dele por meio das nossas atitudes menos felizes, projetando-nos às zonas de sofrimento.

A RELAÇÃO DO ESPÍRITO COM A MATÉRIA.

— Nós sabemos, segundo a própria ciência, que toda matéria é a condensação de uma parte extraída da energia que envolve o universo. E que essa energia pode atingir vários graus de condensação, segundo a frequência vibratória do agente que a mantém condensada, dando-lhe a característica sólida, líquida ou gasosa, que são os estados da matéria reconhecidos pela ciência acadêmica. Entretanto, sabemos graças à Doutrina Espírita, que existem outros estados da matéria que compõem os vários planos de vida no mundo espiritual. É por isso que são denominados planos vibratórios?

— Sim! Cada qual serve de morada aos Espíritos ajustados à sua frequência vibratória, onde vivem e se relacionam.

— De que forma os Espíritos elevam a frequência vibratória que determina o plano de vida do qual deverão participar?

— Por intermédio dos sentimentos e do grau de consciência que desenvolvem, a cada encarnação. Quanto mais aprimoram os sentimentos e maior se torna o grau de consciência, mais sutis serão os planos vibratórios a que se ajustam.

— Esse progresso só é possível por meio das reencarnações?

— Somente reencarnados é que nossos valores são testados, abrindo-nos valiosas oportunidades de conquistarmos as virtudes que ainda não possuímos.

— Os Espíritos que embora tenham alcançado uma condição vibratória elevada e que ainda necessitam viver mais algumas experiências no mundo físico, quais as dificuldades que enfrentam no momento de reencarnarem?

— Quanto mais elevados, maior é o constrangimento que experimentam no processo reencarnatório. Apesar de todo esforço empreendido para densificar o perispírito, que moldará a forma física, renascem em corpos amenos e delicados que, embora perfeitos para atender às suas necessidades evolutivas ou missionárias, dependem para sua manutenção, mais da força do Espírito do que da vitalidade física. Porém, isso não se constitui numa regra, nem todos os encarnados cuja constituição física se apresenta amena, significa serem Espíritos elevados.

— Jesus, ao reencarnar, passou por esse processo?

— Todos, sem exceções, estamos submetidos às leis naturais. O corpo de que se revestiu Jesus, pelos recursos físicos de Maria, era tão frágil e ameno que os Espíritos encarregados da Sua segurança, enquanto estava encarnado, se empenhavam para evitar que tropeçasse nas pedras dos caminhos por onde andava, pois uma leve topada poderia resultar em uma fratura. Essa fragilidade física e a sutilidade dos laços que O prendiam à matéria, explicam porque foi o único crucificado que consta da história das execuções romanas a expirar no mesmo dia, sem que fosse preciso quebrar suas pernas, conforme a técnica usada pelos soldados, para abreviar a morte dos condenados.

— Quer dizer que o termo desmaterializados, usado frequentemente para designar os Espíritos mais elevados, é correto?

— Sim! Quanto mais nos elevamos, mais distantes estaremos da matéria grosseira.

O que dá ao Espírito o poder de, segundo a sua vontade, modular a frequência vibratória do corpo com o qual se reveste no mundo espiritual?

— Por intermédio da mente o Espírito imprime

ao corpo perispiritual o teor vibratório que deseja, facultando-lhe a capacidade de manifestar-se nos planos mais densos do que aquele em que se encontra.

— De que forma o padrão vibratório do Espírito, quando encarnado, pode facilitar ou dificultar o processo da desencarnação?

— Quando o Espírito vibra em um padrão elevado por meio da sua consciência e dos seus sentimentos renovados, automaticamente afrouxa os laços que o mantém preso ao corpo, consequentemente terá um desenlace breve e tranquilo, ao passo que, aqueles que não lograram elevar o padrão vibratório e permanecem vibrando nas faixas menos felizes das manifestações humanas, acabam estreitando seus laços com a matéria, dificultando o desligamento do corpo na hora da transição, podendo retardá-lo por meses e até por alguns anos.

— Quais os sentimentos que mais contribuem para um Espírito prender-se em demasia à matéria?

— Todas as más paixões que alimenta. Entretanto, a sensualidade e a avareza têm se revelado como grandes obstáculos para o Espírito libertar-se dos laços materiais, os quais, muitas vezes, acabam escravizando-o durante séculos.

CONSCIENTE E SUBCONSCIENTE

— De que forma as conquistas que elevam o padrão vibratório se consolidam de forma permanente incorporando-se como uma característica do Espírito?

— O consciente é o laboratório onde o ser humano elabora as suas conquistas ou derrotas, constrói vícios ou virtudes que orientarão seu comportamento e suas atitudes. Entretanto, enquanto tais construções pairam no âmbito do consciente, ainda não são definitivas e poderão sofrer profundas transformações, somente serão consolidadas quando transferidas para o subconsciente, onde se automatizam e se incorporam ao caráter do Espírito.

— O que determina essa transferência para o subconsciente?

— As virtudes e os conceitos elevados desenvolvidos pelo consciente por meio do raciocínio e do conhecimento adquirido, quando alicerçados pelos sentimentos, são transferidos automaticamente para o subconsciente de forma definitiva, constituindo-se em patrimônio inalienável e intransferível do Espírito que, a partir daí, passa a vivenciá-lo de forma natural e sem qualquer esforço.

— Quais os recursos de que o Espírito dispõe para alterá-las quando essas qualidades transferidas não são virtudes, mas sim os vícios infelizes do comportamento?

— Os vícios de comportamento, da mesma forma, são transferidos para o subconsciente, transformando-se em poderosas tendências que, automatizadas pelo subconsciente, requer do Espírito muita determinação e força de vontade para vencê-las e transformá-las. O socorro da misericórdia divina e a perseverança nas atitudes renovadoras, são os recursos de que dispõe para alterá-las.

— É por isso que observamos a grande dificuldade que muitos enfrentam para vencer os vícios em geral?

— Sim! Uma vez interiorizados e consolidados no subconsciente, transformam-se em hábitos que, em alguns casos, serão necessárias várias encarnações para que o Espírito consiga extingui-los de forma definitiva.

Devo entender que os conhecimentos, ideias, conceitos e tudo o que transita no nível do consciente são apenas memorizações do intelecto e que só se transformam em qualidades definitivas quando interiorizadas e transferidas para o subconsciente?

— Uma observação apurada do comportamento humano revela-nos essa realidade:

Quantos dos nossos irmãos em humanidade, embora portadores de grandes conhecimentos, agem de forma contraditória aos valores que apregoam. Revestem-se das teorias assimiladas por meio da memorização do conhecimento, sem que, na verdade, esses valores estejam alicerçados pelos seus sentimentos e muito menos consolidados pela prática. Basta qualquer acontecimento que venha ferir seus interesses imediatos para que revelem suas verdadeiras qualidades. Sem a devida interiorização, tudo não passará de simples cognição, até que seja transformado em legítimas conquistas do Espírito.

— Nesse contexto, percebe-se a grande importância dos sentimentos em todas as áreas das manifestações humanas. Como poderíamos defini-lo?

— Os sentimentos compõem a base para a construção da felicidade ou infelicidade humana. São eles que imprimem a qualidade em tudo o que o homem pensa, fala e faz. Valoriza ou deprecia as suas manifestações. Quando equilibrados nas leis de amor, ampliam a inteligência, promovendo a sabedoria, induzindo o ser humano às mais nobres realizações. Não basta saber; é preciso iluminar-se!

— Como podemos definir o subconsciente?

— Tomando o átomo como referência, podemos considerá-lo como se ele fosse a mente: nossos pensamentos seriam as partículas e, o que chamamos de subconsciente, o núcleo.

Diante dos esclarecimentos até aqui expostos, ficou claro para todos nós que Deus não criou o homem tal qual como nós o conhecemos, criou a sua essência, ou seja, criou o princípio inteligente.

Ao criar o princípio inteligente e disseminá-lo por todo o universo com todas as qualidades humanas e divinas em estado latente, a serem desenvolvidas no decorrer dos vários estágios evolutivos, Deus demonstrou a sua infinita sabedoria e justiça, pois cada qual é e sempre será o resultado da somatória das suas obras e dos seus esforços, empreendidos durante sua existência; tanto no plano físico, quando no plano espiritual.

Portanto, conquistar a felicidade eterna e alcançar a perfeição, é obra intransferível do ser humano.

TERCEIRA PARTE
(A grande opção)

O CENTRO ESPÍRITA

Na verdade, a grande opção da humanidade para alcançar a paz e a felicidade, está na sua renovação, independente de qualquer seita ou religião.

Entretanto, somos obrigados a reconhecer que o Espiritismo será a luz que irá clarear definitivamente os horizontes do homem, orientando-o na sua transformação!

Harmonizado e acobertado pelos ensinamentos do Cristo, abrirá estradas iluminadas para que o homem alcance o seu elevado destino. Seus ensinamentos e revelações compondo subsídios valiosos para que a construção da fé se apoie na razão e no bom senso, despertarão no ser humano o desejo de renovar seus sentimentos. Esta é a missão do Espiritismo.

Estudar o Espiritismo representa tomar conhecimento de forma mais ampla e mais profunda da realidade que nos envolve. Não é um conhecimento para enriquecer apenas o nosso intelecto como uma cultura qualquer, é preciso compreendê-lo e interiorizá-lo, incorporando-o às nossas ações e comportamentos.

O Espiritismo, não é uma doutrina que dita normas, pois tem como característica em seu conteúdo filosófico o respeito ao livre-arbítrio, reconhecendo que as transformações que propõe ao homem, é obra de cada um. Possui um profundo caráter científico por tratar-se de um estudo sério em torno da natureza intrínseca do ser, transcendendo a visão acadêmica dos fatos.

Como religião, distingue-se das demais por não adotar nenhum tipo de culto exterior, orienta o culto interior na prática da caridade e do amor ao próximo, tomando como modelo os ensinamentos contidos no Evangelho.

Apoiado nesse tripé: Ciência, Filosofia e Religião, o Espiritismo é reconhecido como o Consolador Prometido, o Espírito de Verdade.

Em seu mais amplo aspecto, oferece ao homem uma gama imensa de recursos para que possa alcançar a sua renovação e consequentemente a sua felicidade.

Um desses recursos é a oportunidade do trabalho abrangente aos diversos planos da manifestação do espírito humano.

O Centro Espírita, constituindo-se em uma oficina da alma, oferece a oportunidade do trabalho como bênção redentora, onde exercitamos a nossa renovação. Pela própria filosofia que ensina, sabe reconhecer que a nossa posição social não representa efetivamente a nossa posição espiritual, por isso mesmo, é um lugar onde se reúnem pobres e ricos, cultos e incultos, todos abraçados em torno do mesmo ideal de amor que orienta a distribuição dos recursos espirituais e materiais na direção dos necessitados de toda sorte.

Adotando a simplicidade como característica, esses núcleos de aprendizado prático, se constituem em pronto-socorros, ouvindo, orientando e socorrendo a dor humana em todas as suas manifestações.

Sem a pretensão de catequizar ninguém, não institui cursos de iniciação, reconhecendo cada coração que chega carregado de boa vontade, um iniciado na sublime renovação a que todos somos convocados, quase sempre, pela dor com que nos apresentamos diante do Templo de Fé.

Nesse contexto, a mediunidade, orientada e esclarecida à luz do Consolador, surge como patrimônio da humanidade configurando-se em canal de sintonia e canalização dos recursos espirituais como fonte de socorro e de esclarecimento, difundindo a luz nos dois planos de vida.

Os dirigentes encarnados, agora esclarecidos em espírito e verdade, não reincidirão nos mesmos erros de outrora, quando envolvidos pela religião dogmática, transformaram o pão espiritual da humanidade em pedras, na construção dos templos da ostentação.

À semelhança das casas do caminho, instituídas pelos apóstolos, hoje, entre rústicas e acanhadas paredes, despidas da vaidade humana, fazem brilhar a Luz do Evangelho, por meio da prática Cristã.

Não distribui e nem confere hierarquias, mas reconhece e respeita a autoridade moral dos seus servidores, fazendo prevalecer o bom senso e a razão sobre todas as suas realizações.

Os trabalhadores inserem-se em suas fileiras, inspirados pelo sentimento de fraternidade que carregam em seus corações, sem sofrer por parte de seus dirigentes, qualquer discriminação ou exigências, senão a do comportamento moral, coerente com a orientação doutrinária.

O estudo mais profundo da Doutrina é estimulado nos corações por meio de palestras esclarecedoras realizadas antes de cada reunião de trabalho, deixando que o interesse e a iniciativa surjam espontâneas, a fim de que, o estudo se fundamente em uma busca legítima do conhecimento, e não como uma obrigatoriedade que acabaria redundando em apenas uma memorização do intelecto, sem atingir a sua elevada finalidade, que é, estimular a renovação.

Atuando dentro dessas características, os Centros Espíritas revivem o cristianismo primitivo, resgatando a mensagem renovadora do Evangelho no coração do povo.

A MISSÃO DO ESPIRITISMO

Os Espíritos superiores encarregados do grande movimento de espiritualização da humanidade, continuam presentes no movimento espírita.

Depois de realizar a codificação do Espiritismo sob a orientação do Espírito de Verdade, Allan Kardec retorna em Espírito para complementar a sua obra, orientando as equipes espirituais que assessoraram o trabalho desenvolvido por intermédio da mediunidade de Chico Xavier.

Além de complementar a Codificação, trazendo novas revelações, orienta a prática e a aplicação dos recursos espirituais, pela mediunidade, convocando os demais trabalhadores, médiuns ou não, incorporados ao movimento, a contribuírem na ampliação e consolidação da obra, canalizando mais luz para a humanidade.

Por intermédio, dos relatos do Espírito André Luiz, referentes as experiências vividas no mundo espiritual e da revelação do movimento intenso em que vivem as coletividades compostas pelos Espíritos desencarnados, ampliou a compreensão dos conceitos filosóficos e científicos do Espiritismo.

Por intermédio do Espírito Emmanuel, complementou e ampliou a compreensão do conceito religioso, revelando o verdadeiro sentido da religiosidade.

Estudar essas obras, é complementar o estudo da Codificação.

De cunho informativo e orientador, em cada revelação, em cada mensagem ou orientação, trazidas pelos Espíritos ao conhecimento dos encarnados, pelos dos recursos da mediunidade, encontramos profunda sabedoria nos apontando a prática ideal dos conhecimentos adquiridos.

Pela psicografia do médium Chico Xavier, realizada em um bosque pitoresco e silencioso de Pedro Leopoldo, Emmanuel, enviou-nos oportuno e significativo lembrete:

"Lembremo-nos sempre de que o Espiritismo:

Visto, pode ser somente fenômeno;
Ouvido, pode ser apenas consolação;
Vitorioso, pode ser apenas festividade;
Estudado, pode ser apenas escola;
Discutido, pode ser somente sectarismo;
Interpretado, pode ser apenas teoria;
Sistematizado, pode ser somente filosofia;
Observado, pode ser apenas ciência;
Meditado, pode ser apenas doutrina;
Sentido, pode ser apenas crença.

Não nos esqueçamos porém, de Espiritismo **aplicado** à vida Eterna com Eterna Libertação. A codificação trouxe ao mundo uma chave gloriosa, cuja utilidade se adapta a numerosas portas. Escolhamos o caminho da aplicação: De coração elevado a Jesus, não temos por agora divisa mais nobre a recordar. Vivei-a na fé consoladora. Espiritismo é sol. Brilhai na sua luz."

Ao afirmar que, visto, pode ser **apenas fenômeno**, refere-se aos que sem compreenderem a verdadeira finalidade do Espiritismo, não conseguem vê-lo se não como fenômeno, sem perceberem a extensão e a profundidade dos ensinamentos contidos por trás dos mecanismos que os produzem.

Para aqueles que se comprazem em ouvir as mensagens renovadoras, adotando-as apenas como consolação para os momentos mais difíceis, esquecendo-se delas nos momentos de calmaria quando deveriam aplicá-las, o Espiritismo realmente será **apenas consolação**.

Ao afirmar que, vitorioso pode ser somente festividade, induz-nos a compreender que nem sempre os grandes eventos e as grandes aglomerações em torno do tema espiritismo, o consagram vitorioso; pode ser **apenas festividade**.

Quando ele afirma que, estudado, pode ser apenas escola, quis nos dizer que os conhecimentos espíritas não podem ser tratados e ensinados à semelhança das matérias acadêmicas ou escolares, como matemática, geografia e outras. São ensinamentos que devem ser absorvidos pelo coração e transferidos para a alma e não apenas memorizados. Caso contrário, será **apenas escola.**

Para aqueles que se detêm na discussão da interpretação dos conceitos doutrinários, desperdiçando valioso tempo, tentando fazer prevalecer seus pontos de vista, levantando polêmicas sobre temas de pouca importância para o momento grave em que vivemos, sem se darem conta do quanto ainda temos de realizar, para que o conhecimento espírita se consagre efetivamente no coração humano, o Espiritismo será tão **somente sectarismo.**

Quando ele adverte que, interpretado, pode ser **apenas teoria**, lembra-nos de que muitas vezes o conhecimento, quando não é interiorizado e praticado devidamente, pode nos tornar brilhantes intérpretes do Espiritismo, levando-nos expor aos nossos ouvintes com maestria o que memorizamos. Entretanto, por se tratar apenas de teoria de lábios desprevenidos, nada de consistente conseguiremos transmitir aos que nos ouvem, se não para aqueles que vibram na mesma faixa de sintonia e se comprazem com o espetáculo da retórica, mantendo-se surdos aos apelos do coração.

Aqueles que sistematizam, impondo regras e métodos na aplicação dos recursos dos conhecimentos em que se fundamentam, não perceberam o caráter evolutivo da doutrina. Para estes, o Espiritismo será tão **somente filosofia.**

Devo entender, quando afirma que, observado, pode ser apenas ciência, está se referindo àqueles que se limitam a observá-lo pelo lado científico, que é uma das suas características. Entretanto, não conseguem penetrar no conhecimento mais profundo do seu aspecto mais amplo. Para esses, realmente o Espiritismo será **apenas ciência.**

Meditado, realmente pode simplesmente transformar-se em nada mais do que uma opinião ou **somente doutrina.**

Quando considera que, sentido, pode ser apenas crença, está se referindo aos que creem, mas continuam baldos de realizações. Para estes, o Espiritismo será **apenas crença.**

No saber, o que importa é como sabemos, já dizia o apóstolo Paulo. Emmanuel nos adverte para a observação de como sabemos, a fim de descobrirmos se não estamos apenas navegando na superfície do conhecimento.

Esse lembrete é oportuno para todos nós, visto que, muitas vezes, somos absorvidos facilmente pela rotina e nos distraímos do que significa realmente estarmos ligados ao movimento espírita e às responsabilidades que envolvem as tarefas a que fomos chamados para realizar. Fazer por fazer não produz adequadamente, é preciso sentir e dar o melhor de nós, procurando revestir o que fazemos com o melhor dos nossos sentimentos.

MEDIUNIDADE E SINTONIA

A cada século a humanidade é surpreendida com uma nova realidade, onde a ordem das coisas e os valores se alteram sensivelmente, fazendo sofrer aqueles que estacionaram, acomodados às circunstâncias, sem se darem conta das transformações que se operaram à sua volta.

No Espiritismo não poderia ser diferente.

Consta do livro: *Seara dos Médiuns*, editado pela Federação Espírita Brasileira, uma comunicação de Emmanuel, psicografada pelo médium Francisco Cândido Xavier, onde ele nos adverte sobre mudanças de planos da espiritualidade superior, revelando-nos uma nova realidade no campo dos recursos mediúnicos, apontando-nos a meta prioritária a ser alcançada pelo Espiritismo:

"Num século inteiro de atividades, temos visto a Ciência procurando apaixonadamente as realidades do Espírito.

Provas indiscutíveis não lhe foram regateadas.

E tantas foram elas que Richet conseguiu articular, com êxito, as bases clássicas da Meta-psíquica, usando recursos tão demonstrativos e convincentes quanto aqueles empregados na exposição de qualquer problema de patologia ou botânica.

Sábios distintos, entre os quais Wallace e Zollner, Crookes e Lombroso, Myers e Lodge, mobilizando médiuns notáveis, efetuaram experiências de valor inconteste.

Entretanto, se nos vinte lustros passados a mediunidade serviu para atender aos misteres brilhantes da observação científica, projetando inquirições do homem para a Esfera Espiritual, é justo satisfaça agora às necessidades morais da Terra, carreando avisos da Esfera Espiritual para o homem.

Se o primeiro século de Doutrina Espírita viu realizações admiráveis, desde os cálculos profundos da física nuclear aos rudimentos da astronáutica, surpreendeu, igualmente, calamidades terríveis, como sejam: as guerras de conquista e rapinagem, nas quais os campos de prisioneiros foram teatro para os mais hediondos espetáculos de barbárie e degradação, em nome do direito; a técnica na destruição de cidades em massa; as inquisições políticas, à feição das antigas inquisições religiosas, das indústrias dos abortos, às vezes com o amparo de autoridades respeitáveis; a onda crescente dos suicídios; o delírio dos entorpecentes; o abuso da hipnose; o lenocínio transformado em costume elegante da vida moderna; o aumento dos chamados crimes perfeitos, com manifesta perversão da inteligência, e a percentagem assustadora das moléstias mentais com alicerces na obsessão.

Desse modo, não nos basta apenas um 'espiritismo científico' que despenda indefinida quota de tempo averiguando a sobrevivência do ser, além do sepulcro.

Embora a elevação de propósitos dos pesquisadores eminentes, que tateiam os domínios da alma, **não podemos esquecer a edificação do sentimento.**[1]

É assim que, repetindo as lições do Cristo para o mundo atormentado, não nos achamos simplesmente diante de um 'espiritismo social', mas em pleno movimento de recuperação da dignidade

[1] Grifo nosso.

humana, porquanto, em verdade, perante o materialismo irresponsável, a sombrear universidades e gabinetes, administrações e conselhos, laboratórios e templos, cenáculos e multidões, **o Evangelho de Jesus, para esclarecimento do povo, tem regime de urgência.**"[2]

Emmanuel foi claro ao expor a principal meta a ser atingida pelo movimento espírita, e que os fenômenos de efeitos físicos produzidos pelos Espíritos, por meio dos mecanismos mediúnicos durante um século, já não fazem parte dos planos dos Espíritos superiores.

Tanto é assim que o médium Chico Xavier foi instrumento de maravilhosas materializações que poderiam servir de base para um profundo estudo científico, abrindo um imenso leque de pesquisas, apoiadas em um farto material. Entretanto, teve esse trabalho interrompido por ordem de Emmanuel. Diante disso, percebe-se que realmente os fenômenos há muito deixaram de fazer parte dos planos superiores para levar o Espiritismo à realização da sua elevada missão com o Cristo.

A partir dessa determinação do plano espiritual, percebemos que, além dos fenômenos, a mediunidade mecânica há muito deixou de se fazer presente nos

---

[2] Grifo nosso

arraiais espíritas, cedendo lugar a mediunidade intuitiva, a qual depende exclusivamente da sintonia e da reunião de qualidades morais, e não mais apenas das disposições orgânicas.

Nessa nova modalidade de intercâmbio com os planos espirituais, os Espíritos superiores ligados aos Núcleos Espíritas, aguardam que sejam evocados pelas realizações nobres dos encarnados identificados com os ideais verdadeiros da caridade, a fim de atenderem aos verdadeiros propósitos do Espiritismo.

Tendo em vista as proporções e a dimensão alcançadas pela mensagem renovadora, que emana do contexto doutrinário, abrangendo cada vez mais a massa humana, precisamos nos unir em torno dos elevados objetivos do Espiritismo, para que a nossa voz seja uníssona na convocação das responsabilidades humanas em torno da renovação dos sentimentos. Principal meta a ser alcançada para a efetiva regeneração da humanidade.

Vivemos um período consciencial agudo, onde as mentes comprometidas de outrora, ansiosas pela paz em suas consciências, buscam desesperadas o abrigo da fé raciocinada.

Desiludidas com os templos da ociosidade, aportarão em maior número em nossas oficinas de trabalho. Por isso, fomos convocados de última hora pelo Cristo: para recebê-los carinhosamente com a mensagem consoladora do Evangelho Redivivo, restaurando as esperanças, socorrendo e enxugando lágrimas, à semelhança de pronto-socorros improvisados pela misericórdia divina em meio ao sofrimento humano.

Precisamos nos revestir do sentimento legítimo de religiosidade, sem nos deixar envolver pelo religiosismo improdutivo ou pelo elitismo pernicioso.

Até hoje, despertamos, em abundância, consciências para a caridade do pão e do agasalho, para o discurso doutrinário e para o ensino; entretanto, agora, precisamos formar consciências para agasalhar e alimentar o espírito humano, carente do pão espiritual e do calor da fé.

A cura pela imposição das mãos, realizada por Jesus, foi a palavra silenciosa que conquistou e converteu os corações endurecidos pela ignorância, ao mesmo tempo que assinalou para o mundo a presença de Deus na Terra. Por isso, afirmou aos apóstolos: *"Ide, curai os enfermos e levantai os caídos..."*.

A mediunidade de cura pela imposição das mãos tem o maior poder de alcançar os corações humanos para então renová-los. Está ao alcance de todos os corações de boa vontade, não é apenas uma disposição orgânica, mas sim a irradiação de amor que transforma o magnetismo que nos é peculiar em poderoso agente de cura.

Essa foi uma das primeiras verdades que aprendi com minha mãe, quando eu tinha apenas 8 anos de idade.

Estávamos eu e ela no portão de casa, aguardando meu pai retornar do trabalho, quando uma vizinha parou para conversar com minha mãe. Em determinado momento, ela se voltou para a jardineira existente sobre uma caixa de concreto, onde se localizava o cavalete de entrada de água e, admirada, afirmou:

— Dona Aurora! Que avenca linda! A minha nunca ficou tão bonita!

Conversaram mais um pouco, e depois ela foi embora. Minha mãe apontou para a avenca cujas folhas se fecharam como se estivessem murchando, e depois explicou-me:

— Viu, meu filho, o que o pensamento de inveja da nossa vizinha fez com a nossa plantinha? Nunca use o seu pensamento para invejar ou odiar alguém. Da mesma forma que a planta se ressentiu do magnetismo negativo da nossa vizinha, as pessoas também se ressentem e podem até adoecer. Mas, se você usar os seus pensamentos para ajudar as pessoas, envolvendo-as com o seu amor, poderá até curá-las das suas enfermidades.

Dizendo isso, voltou-se para a planta, impôs suas mãos sobre ela e orou. Antes que o meu pai retornasse do trabalho, a avenca já havia se recuperado.

Minha mãe passou-me esta lição com conhecimento de causa, pois durante toda sua vida aliviou e curou muita gente, impondo suas mãos revestidas da generosidade e do amor que nos ensina o Espiritismo. Quantos não foram conquistados para a fé raciocinada por causa desse gesto de amor.

Eu mesmo recorri muitas vezes às suas mãos abençoadas que marcaram meu coração para a eternidade.

E, quantos hoje estão engrossando as fileiras espíritas, por terem sido acordados e convocados por esse processo.

Allan Kardec, na *Revista Espírita* de novembro de 1866, faz importantes avaliações sobre a mediunidade de cura:

"De todas as faculdades mediúnicas, a curadora vulgarizada é a que está chamada a produzir mais sensação, porque há, por toda parte, doentes em grande número, e não é a curiosidade que os atrai, mas a necessidade imperiosa de alívio. Mais que qualquer outra, ela triunfará sobre a incredulidade, tanto quanto sobre o fanatismo, que vê em toda parte a intervenção do diabo. A multiplicidade dos fatos forçosamente conduzirá ao estudo da causa natural e, daí, à destruição das ideias supersticiosas de feitiçaria, do poder oculto, dos amuletos etc. Se se considerar o efeito produzido nos arredores do campo de Châlon por um só indivíduo, a multidão de pessoas sofredoras vindas de dez léguas em torno, pode julgar-se o que isto seria se dez, vinte, cem indivíduos aparecessem nas mesmas condições, quer na França, quer em países estrangeiros. Se disserdes a esses doentes que são joguete de uma ilusão, eles vos responderão mostrando a perna restaurada; que são vítimas de charlatães? Dirão que nada pagaram e que não lhes venderam nenhuma droga. Que abusaram de sua confiança? Dirão que nada lhes prometeram.

É também a faculdade que mais escapa à acusação de charlatanismo e de fraude; desafia a troça, pois nada há de visível num doente curado que a ciência havia abandonado. O charlatanismo pode simular mais ou menos grosseiramente a maioria dos efeitos mediúnicos, e a incredulidade nele procura sempre os seus cordões. Mas onde encontrará os fios da mediunidade curadora? Podem ser dados golpes de habilidade para os efeitos mediúnicos e os efeitos mais reais, aos olhos de certa gente, podem passar por golpes hábeis, mas que daria quem tomasse indumento da qualidade de médium curador? De duas, uma: cura ou não cura. Não há simulação que possa fornecer uma cura.

Além disso, a mediunidade escapa completamente à lei do exercício legal da medicina, desde que não prescreve qualquer tratamento. Com que penalidade poderiam ferir aquele que cura só por sua influência, secundada pela prece que, ademais, nada pede como preço de seus serviços?".

Mais adiante, Kardec esclarece o seguinte:

"É uma faculdade que, com razão, muitos ambicionam e se todos os que desejam possuí-la a pedissem com fervor e perseverança pela prece, e com um objetivo humanitário, é provável que desse concurso sairiam mais de um verdadeiro médium curador."

Todo indivíduo que já desenvolveu um sentimento sincero de compaixão para com o sofrimento alheio, é um curador em potencial que, se tivesse fé nas suas possibilidades e as exercitasse, tentando aliviar seus semelhantes, em pouco tempo estaria realizando maravilhas.

Por intermédio da mente podemos sintonizar o plano espiritual, alcançando preciosas e esclarecedoras comunicações, mas para canalizar os recursos espirituais em favor dos nossos semelhantes para aliviá-los do sofrimento ou curá-los das suas enfermidades, somente por meio do coração e dos sentimentos renovados.

A mediunidade de cura pela imposição das mãos será no futuro a voz silenciosa do Espiritismo, falando da grandeza dos seus ensinamentos.

O que nenhum outro fenômeno até hoje produzido pela mediunidade conseguiu, a cura pela imposição das mãos irá conseguir, que é fazer as mentes acadêmicas se dobrarem ante as leis naturais reveladas pela doutrina, as quais, transcendem os limites estabelecidos pelas suas provetas.

O ambiente de um Centro Espírita contribui para que os candidatos a esse louvável empreendimento alcance a sua realização. Bezerra de Menezes, no livro, "Dramas da Obsessão", psicografado pela médium Yvonne A. Pereira, descreve o ambiente ideal que deve predominar nas instituições espíritas, a fim de alcançar as realizações louváveis a que se destina:

"As vibrações disseminadas pelos ambientes de um Centro Espírita, pelos cuidados dos seus tutelares invisíveis; os fluidos úteis, necessários aos variados quão delicados trabalhos que ali se devem processar, desde a cura de enfermos até a conversão de entidades desencarnadas sofredoras e até mesmo a oratória inspirada pelos instrutores espirituais, são elementos essenciais, mesmo indispensáveis a certa série de exposições movidas pelos obreiros da imortalidade a serviço da Terceira Revelação. Essas vibrações, esses fluidos especializados, muito sutis e sensíveis, hão de conservar-se imaculados, portanto, intactas, as virtudes que lhes são naturais e indispensáveis ao desenrolar dos trabalhos, porque, assim não sendo, se mesclarão de impurezas prejudiciais aos mesmos trabalhos, por anularem as suas profundas possibilidades. Daí porque a Espiritualidade esclarecida recomenda, aos adeptos da Grande Doutrina, o máximo respeito nas assembleias espíritas, onde jamais deverão penetrar a frivolidade e a inconsequência, a maledicência e a intriga, o mercantilismo e o mundanismo, o ruído e as atitudes menos graves, visto que estas são manifestações inferiores do caráter e da inconsequência humana, cujo magnetismo, para tais assembleias e, portanto, para a agremiação que tais coisas permite, atrairá bandos de entidades hostis e malfeitoras do invisível, que virão influir nos trabalhos posteriores, a tal ponto que poderão adulterá-los ou impossibilitá-los, uma vez que tais ambientes se tornarão incompatíveis com a Espiritualidade iluminada e benfazeja.

Um Centro Espírita onde as vibrações dos seus frequentadores, encarnados ou desencarnados, irradiem de mentes respeitosas, de corações fervorosos, de aspirações elevadas; onde a palavra emitida jamais se desloque para futilidades e depreciações; onde, em vez do gargalhar divertido, se pratique a prece; em vez do estrépito de aclamações e louvores indébitos se emitam forças telepáticas à procura de inspirações felizes; e ainda onde, em vez de cerimônias ou passatempos mundanos, cogite o adepto da comunhão mental com seus mortos amados ou seus guias espirituais, um Centro assim, fiel observador dos dispositivos recomendados de início pelos organizadores da filosofia espírita, será detentor da confiança da Espiritualidade esclarecida, a qual o elevará à dependência de organizações modelares do Espaço, realizando-se então, em seus recintos, sublimes empreendimentos, que honrarão os seus dirigentes dos dois planos da vida. Somente esses, portanto, serão registrados no além-túmulo como casas beneficentes, ou templos do Amor e da Fraternidade, abalizados para as melindrosas experiências espíritas, porque os demais, ou seja, aqueles que se desviam para normas ou práticas extravagantes ou inapropriadas, serão, no Espaço, considerados meros clubes onde se aglomeram aprendizes do Espiritismo em horas de lazer."

Allan Kardec, na *Revista Espírita* de julho de 1867, faz um comentário referindo-se à Sociedade Espírita de Bordeaux, onde exprime seu reconhecimento pela excelência na prática da doutrina, realizada pela referida instituição abrangendo amplamente os seus propósitos:

"Desde junho de 1866, uma nova Sociedade Espírita, já numerosa formou-se em Bordeaux, em bases que atestam o zelo e a boa vontade de seus membros e uma perfeita interpretação dos verdadeiros princípios da doutrina. Extraímos do relatório anual publicado pelo Presidente, algumas passagens que darão a conhecer o seu Espírito.

Depois de haver falado das vicissitudes que o Espiritismo tem experimentado nessa cidade, circunstâncias que levaram à formação da nova sociedade e de sua organização que 'permite aqueles de seus membros que sentem a sua força, desenvolver por palestras, no começo de cada sessão, os grandes princípios da doutrina que muitos não combatem senão porque os não conhecem', acrescenta:

São essas palestras que até aqui atraíram numerosos ouvintes estranhos à Sociedade. Certamente não tenho a pretensão de crer que todos os nossos ouvintes vêm à nossa casa para instruir-se. Sem dúvida muitos aqui vêm esperando pegar-nos em falta: é sua tarefa. A nossa é espalhar o Espiritismo nas massas e a experiência nos provou que o melhor meio, depois da prática da sublime moral que dele decorre, e as comunicações dos Espíritos, é fazê-lo pela palavra.

Desde que nos constituímos, temos duas sessões semanais. Esta dupla tarefa nos foi imposta pela necessidade de consagrar uma sessão específica (a de quinta-feira) aos Espíritos obsessores e ao tratamento das doenças que eles ocasionam e reservar uma outra (a de sábado) aos estudos científicos. Acrescentarei, para justificar nossas sessões de quinta-feira, que temos a felicidade de possuir entre nós um médium curador de faculdades bem desenvolvidas e conhecido por sua caridade, sua modéstia e seu desinteresse; é tão conhecido fora quanto no seio de nossa sociedade, de sorte que os doentes não lhe faltam.

Posto tenhamos excelentes instrumentos para os nossos estudos, compreendemos que seu número se havia tornado insuficiente, sobretudo em face da extensão sempre crescente da Sociedade. A carência de médiuns muitas vezes veio trazer obstáculos à marcha regular dos nossos trabalhos, e compreendemos que necessário, tanto quanto possível, desenvolver as faculdades latentes na organização de muitos de nossos irmãos. É por isso que acabamos de decidir que uma sessão especial de ensaios mediúnicos seria feita aos domingos, às duas da tarde, na sala de nossas reuniões. Julguei dever para elas convidar não só nossos irmãos em crença, mas ainda aos estranhos que quisessem tornar-se úteis. Já estas sessões deram resultados que ultrapassaram a nossa expectativa. Aí fazemos escrita, tipologia e magnetismo. Várias faculdades muito diversas foram descobertas e saíram dois sonâmbulos que parecem ser muito Lúcidos."

Vejamos os comentários de Kardec:

"Não podemos senão aplaudir ao programa da Sociedade de Bordeaux e felicitá-la por seu devotamento e pela inteligente direção de seus trabalhos. Um dos nossos colegas, de passagem por aquela cidade, assistiu ultimamente a algumas sessões e trouxe a mais favorável impressão. Perseverando neste caminho, ela não poderá senão obter resultados cada vez mais satisfatórios, e jamais faltarão elementos para sua atividade.

Seria supérfluo por em destaque a utilidade das instruções verbais, que designa sob o simples nome de palestras. Além da vantagem de exercitar no manejo da palavra, elas têm outra, não menor, de provocar um estudo mais completo e mais sério dos princípios da Doutrina, de facilitar sua compreensão, de ressaltar sua importância e de trazer, pela discussão, a luz sobre pontos controvertidos."

Vimos pelas opiniões abalizadas de Kardec e do amorável Dr. Bezerra, a exposição de dois exemplos concordantes entre si, de uma organização realmente voltada para atender às elevadas finalidades da Doutrina Espírita.

Dentro desses parâmetros apresentados, podemos identificar facilmente o modelo que devemos adotar em nossas instituições, para estarmos realmente sintonizados com os princípios espíritas.

Notamos ambos ressaltando a Instituição Espírita como um pronto-socorro, uma escola prática e uma oficina redentora da alma de portas abertas para acolher os viajantes do caminho, oferecendo-lhes a bênção da cura, da orientação e da oportunidade de servir ao Cristo na obra da transformação da humanidade.

As lideranças espíritas devem estar atentas para não deixarem o calor da fé esfriar nos corações que engrossam as fileiras dos candidatos à renovação pelos caminhos do trabalho redentor, impedindo que a teoria rebuscada, venha turvar a clareza dos ensinamentos que deverão nortear as suas realizações.

É preciso que se estimule nesses corações a prática da caridade no seu mais amplo aspecto, a fim de que alcancem a sintonia e a canalização dos recursos espirituais em favor da humanidade, abrindo largas estradas de acesso ao conhecimento que um dia libertará as consciências das garras da ignorância e do sofrimento.

Não basta a eloquência com que falamos das realizações espirituais ao nosso alcance, é preciso concretizá-las para que sirvam de exemplos de nós, para os outros.

Não basta dissecar os mecanismos da mediunidade, formulando brilhantes exposições teóricas, é preciso pôr em prática os recursos mediúnicos materializando a ação e o efetivo intercâmbio com o plano espiritual, não mais para a simples exposição do fenômeno, mas para prestar o devido socorro aos que batem desesperados em nossas portas.

Por meio da divulgação realizada por João Batista, que anunciou largamente a sua presença na Terra, Jesus atraiu para junto de Si verdadeira multidão de sofredores. Entretanto, não os recebeu apenas com palavras, socorreu-os para depois orientá-los, sem nada exigir, apenas advertia: "Vá, não peques mais!".

Nunca se divulgou tanto a Doutrina Espírita como agora! Porém, a divulgação é apenas um convite, é preciso que estejamos prontos para receber os convidados! Para ouvi-los e orientá-los em suas necessidades, socorrendo-os à luz do Evangelho Redivivo pelo Consolador.

Como disse Emmanuel, "O Espiritismo é uma gloriosa chave que se adapta a várias portas, saibamos escolher a nossa."

VELHOS AMIGOS

Dois amigos que não se viam há muito tempo, reencontraram-se. Conversando, descobriram que tinham algo em comum, haviam-se convertido ao Espiritismo.

Seixas, o mais entusiasmado, deslumbrava o amigo com suas narrativas, falando das suas experiências na Doutrina Espírita.

— É, meu caro Antonio, graças a Deus descobri a luz que me faltava! Desde então, tenho dedicado minha vida ao enriquecimento do meu Espírito eterno.

— Que bom! – Exclamou Antonio.

— Sabe... – continuou Seixas – ainda ontem participei de um Simpósio Espírita! Adorei os temas discutidos, alguns pesquisadores falaram sobre a comunicação dos Espíritos por meio de aparelhos eletrônicos. É a ciência confirmando a vida eterna. Você deveria estar lá.

— Eu gostaria muito. Mas mal tenho tempo para estudar, só o faço tarde da noite.

— É uma pena, Antonio. Você deveria investir na luz do conhecimento, eu já fiz vários cursos de espiritismo, promovidos pelas mais renomadas instituições! Participei de muitos congressos, inclusive de um internacional, com a presença de famosos médiuns estrangeiros, onde aprendi muito sobre a aplicação do magnetismo e das forças psíquicas.

— Você tem razão, é pena que meu tempo é tão pouco – lamentou Antonio.

Seixas continuou...

— A semana que vem, vou participar de uma excursão cultural espírita! Vamos até a França visitar o túmulo de Allan Kardec! Mal posso esperar para conhecer de perto os lugares onde o nosso emérito Codificador cumpriu sua missão.

— Que bom! Fico feliz em saber do teu empenho e da tua dedicação.

— Qual nada, eu ainda preciso alcançar mais luz! O mês que vem, vou participar de uma reunião de dirigentes espíritas. Já analisei os temas que vão ser discutidos e todos me interessam. Por isso, faço questão de estar presente. Por que você não vem? Seria ótimo!

— Bem que eu gostaria, mas não posso. Tenho muito o que fazer.

— Olha, meu caro Antonio, eu não tenho nada com a sua vida, mas você deve saber que do lado de lá, não poderá alegar que não teve tempo. Aquele que quer, sempre arruma tempo para a luz. Afinal de contas, o que você faz que lhe causa tantos impedimentos?

— Sabe Seixas, quando eu comecei a estudar as obras básicas da codificação, em pouco tempo descobri que havia muitas trevas em mim, as quais não poderia dissipar apenas com a fé e o conhecimento, então resolvi agir. Há alguns anos, eu e alguns amigos, criamos um grupo de trabalho onde começamos a atender os sofredores do caminho, socorrendo-os e esclarecendo-os com a mensagem da Boa Nova. Graças a esse trabalho, conseguimos arregimentar recursos com os quais fundamos um orfanato onde cuidamos de uma centena de crianças. Desde então, estou na direção dessa obra, isso me toma todo o tempo. A manutenção do pão para as crianças até que não é difícil, pois existem corações generosos que nos ajudam. É na hora de distribuir amor para essas crianças que encontro maiores dificuldades, pois nem todos que colaboram nessa área estão preparados suficientemente, quem sabe você, com tanto conhecimento, poderia ajudar-nos?

Naquele momento Seixas foi acometido de um acesso de tosse... tossiu... tossiu... tossiu... e, depois de vencer o pigarro, disse ao amigo:

— Sabe, Antonio... bem que eu gostaria, mas minha vida está voltada a tantos compromissos que não me sobra tempo para nada. Por falar nisso... preciso ir, tenho um encontro importante daqui a alguns instantes, não posso retardar-me... prazer em revê-lo, meu caro Antonio!

Após dizer adeus ao amigo, partiu em passos ligeiros...

OBRAS DE **SAARA NOUSIAINEN**

Nesta obra, Saara Nousiainen, de forma simples, direta e elucidativa, aborda diversos temas relacionados à Doutrina Espírita, utilizando o método de perguntas e respostas.

Nela, o leitor tirará suas dúvidas sobre questões como: reencarnação, leis divinas, obsessão, mediunidade, expiação, conflitos familiares, etc., e o inevitável intercâmbio entre os mundos material e espiritual.

Autor: Saara Nousiainen | 14 x 21 cm | 128 páginas

Com seu estilo leve e agradável, por vezes divertido, a autora traz na trama desses enredos, verdades profundas que geralmente não são percebidas no cotidiano.

E é no relembrar dessas lições que vamos gerando no inconsciente as "memórias" que orientam nossas ações, e construindo para nós mesmos um futuro melhor.

Autor: Saara Nousiainen | 14 x 21 cm | 128 páginas

OBRA DE **NELSON MORAES**

Roqueiro famoso, surpreendido pela morte prematura causada pelo uso abusivo de álcool e de drogas, se vê diante de uma realidade que jamais imaginara.

Submetido à lei de causa e efeito, se viu preso à sepultura durante longo período. Mais tarde, livre dessa situação, percorreu os vales de sofrimentos até alcançar o equilíbrio.

Amparado pelos benfeitores, conheceu, no mundo espiritual, diversas situações em que se encontram Espíritos ainda apegados aos prazeres da Terra.

Autor: Nelson Moraes | 14 x 21 cm | 128 páginas

OBRA DE **NADIR PAES VIANA**

O amor sincero entre Judith, a jovem filha de um fazendeiro, e Benzinho, humilde servidor de seu pai, mostra que a discriminação social não consegue impedir o curso dos nobres sentimentos. Surpreendentes enredos se desenvolvem ao longo da narrativa, confirmando que as atitudes equivocadas do homem exigem reparação, quase sempre por meio da dor; enquanto as boas ações são sempre recompensadas pelas leis universais.

Autor: Nadir Paes Viana | 14 x 21 cm | 288 páginas

DOCUMENTÁRIO DE **EDELSO DA SILVA JUNIOR**

Autor: Edelso da Silva Junior

Gênero: Documentário

DVD 13,5 x 19 cm | Aprox. 70min. | Português

O tema depressão, segundo a Organização Mundial da Saúde (OMS) será a doença que mais vai roubar vidas úteis nos próximos anos. Diante deste fato, todas as organizações que se preocupam com a qualidade de vida do ser humano, sejam elas religiosas ou não, terão que buscar juntamente com a medicina e as ciências, meios de prevenção para que o homem melhore sua qualidade de vida. No que diz respeito ao setor religioso o espiritismo vêm sendo procurado por uma parcela muito grande da população no intuito de encontrar uma terapia que possa auxiliar no processo de prevenção e cura. Sendo assim, o assunto tem sido em muitos aspectos tratado de forma equivocada como um fenômeno de possessão espiritual. Com os recursos da farmacologia, temos hoje melhores condições de avaliar os casos apresentados não só do ponto de vista espiritual.

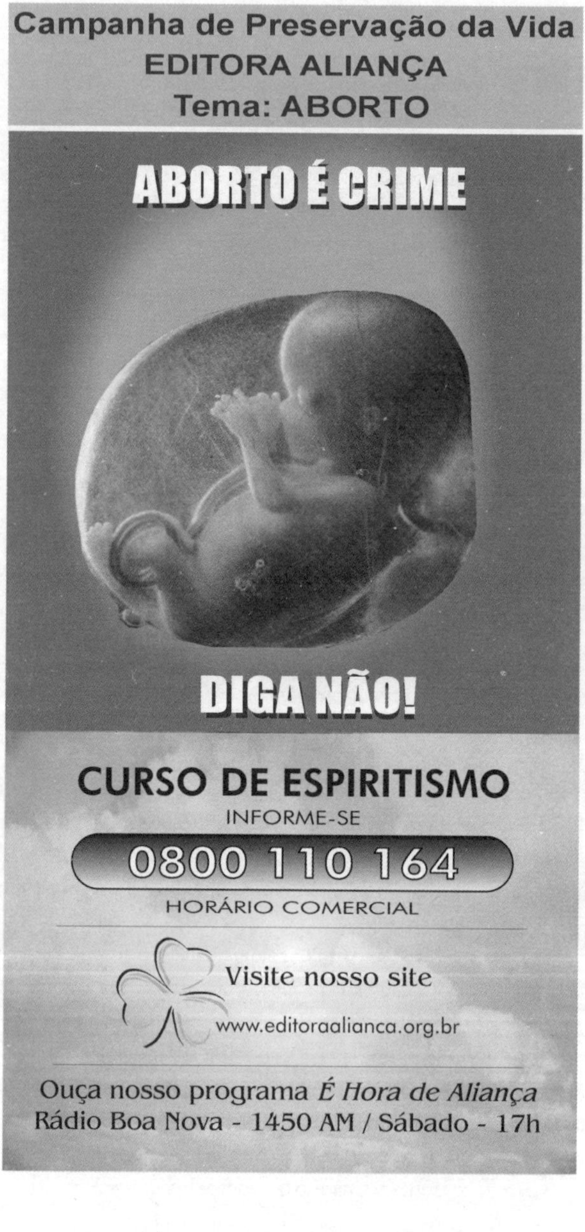
Campanha de Preservação da Vida
EDITORA ALIANÇA
Tema: ABORTO
ABORTO É CRIME
DIGA NÃO!
CURSO DE ESPIRITISMO
INFORME-SE
0800 110 164
HORÁRIO COMERCIAL
Visite nosso site
www.editoraalianca.org.br
Ouça nosso programa *É Hora de Aliança*
Rádio Boa Nova - 1450 AM / Sábado - 17h